DU RÔLE

DES POUSSIÈRES DE HOUILLE

DANS LES ACCIDENTS DE MINES

Par MM. **MALLARD**, Ingénieur en chef, et **LE CHATELIER**,

Ingénieur des Mines.

———

Extrait des Annales des Mines, livraison de janvier-février 1882.

———

PARIS

DUNOD, ÉDITEUR

LIBRAIRE DES CORPS NATIONAUX DES PONTS ET CHAUSSÉES, DES MINES
ET DES TÉLÉGRAPHES

Quai des Augustins, n° 49

———

1882

DU RÔLE

DES POUSSIÈRES DE HOUILLE

DANS LES ACCIDENTS DE MINES

IMPRIMERIE C. MARPON ET E. FLAMMARION
RUE RACINE, 26, A PARIS.

DU RÔLE

DES POUSSIÈRES DE HOUILLE

DANS LES ACCIDENTS DE MINES

PAR MM. **MALLARD**, Ingénieur en chef, et **LE CHATELIER**,

Ingénieur des Mines.

Extrait des ANNALES DES MINES, livraison de janvier-février 1882.

PARIS

DUNOD, ÉDITEUR

LIBRAIRE DES CORPS NATIONAUX DES PONTS ET CHAUSSÉES, DES MINES
ET DES TÉLÉGRAPHES

Quai des Augustins, n° 49

—

1882

DU RÔLE

DES POUSSIÈRES DE HOUILLE

DANS LES ACCIDENTS DE MINES

Par MM. MALLARD, ingénieur en chef, et LE CHATELIER,
ingénieur des mines.

Des poussières fines d'un corps combustible mises en suspension dans l'air peuvent y brûler comme le feraient des fragments de la même matière dans un foyer. Mais, par suite de leur division extrême, les poussières présentent avec l'air des surfaces de contact multipliées, et la combustion en est extrêmement vive ; il peut même y avoir explosion, c'est-à-dire production d'effets mécaniques. On connaît un certain nombre d'accidents occasionnés par des explosions de poussières combustibles, notamment dans des raffineries de soufre, des moulins à farine, des ateliers de broyage de charbon. Il n'y aurait donc rien d'étonnant à ce que des explosions semblables se produisissent dans les mines de houille.

Cette intervention possible des poussières de houille dans les accidents de mine a été mentionnée pour la première fois en Angleterre par Faraday et Lyell, à l'occasion de l'explosion de Haswell en 1844. « En considérant, disent-ils, l'étendue du feu au moment de l'explosion, il n'est pas possible d'admettre que le grisou ait été le seul combustible lui ayant servi d'aliment ; la poussière de charbon soulevée par la violence du courant et de la flamme aura dû prendre feu et brûler si elle a rencontré dans l'air assez d'oxygène pour favoriser la combustion. »

En France, une opinion analogue fut émise, en 1855, par M. du Souich, alors ingénieur en chef des mines de Saint-Étienne, à l'occasion de l'explosion du puits Charles, à Firminy : « On pouvait, dit-il dans son rapport, recueillir en divers points sur les buttes une sorte de croûte composée d'un coke léger qui ne peut provenir que de la poussière de houille balayée dans les chantiers et sur le sol des galeries, et transportées au loin par le courant d'une extrême violence que produit l'explosion. Cette poussière se trouvant en partie enflammée peut continuer les effets du grisou en les portant plus loin. » Quelques années plus tard, en 1861, M. du Souich émettait encore un avis semblable à propos de l'accident du puits du Treuil, et il le répétait en 1867, à l'occasion de l'accident de Villars. Vers la même époque, M. Verpilleux (*) signalait de son côté le rôle que les poussières devaient, suivant lui, jouer dans les explosions.

Ces idées restèrent longtemps sans écho, mais depuis quelques années, un revirement s'est produit et l'attention générale des ingénieurs est fixée aujourd'hui sur ce sujet. L'origine de ce mouvement remonte à une dizaine d'annés ; le signal en a été donné par le rapport de M. Vital sur l'accident de Campagnac, et les expériences intéressantes qu'il entreprit à cette occasion (**) ; le rapport de MM. Desbief et Chansselle (***) et les mémoires de M. Galloway (****).

(*) *Bulletin de la Soc. de l'ind. min.*, 1re s., t. IX, p. 465, 1864.
(**) *Ann. des mines*, 7e s., t. VII, p. 180, 1875.
(***) *Bull. de la Soc. de l'ind. min.*, 2e s., t. IV, p. 205, 1875.
(****) *Proceed. of the Royal Soc. min*, n° 168, *Ann. des mines,*

Depuis cette époque des travaux considérables se sont succédé rapidement en France et à l'étranger : MM. Hall et Clark (*), Marreco et Morison (**), Abel (***), en Angleterre ont continué cette étude au point de vue expérimental ; en France, M. Delafond a adressé à la commission du grisou un rapport important sur le rôle des poussières dans les accidents des mines de Saône-et-Loire (****). Il faut citer encore parmi les auteurs qui ont étudié cette question, MM. Jutier, Burat, de Reydellet, Poumayrac, Baretta, Petitjean.

Le rôle des poussières dans les accidents est pourtant loin encore d'être complètement élucidé. A quelques faits certains sont venues se mêler de nombreuses hypothèses. Une discussion complète de cette question peut donc présenter quelque intérêt ; elle fera l'un des principaux objets du présent mémoire, où nous consignerons les résultats des expériences faites par nous au nom de la Commission du grisou, et qui comprendra quatre chapitres :

Chapitre I. — Étude des phénomènes présentés par les mélanges de poussières avec de l'air non chargé de grisou.

Chapitre II. — Mélanges de poussières avec de l'air tenant une quantité de grisou insuffisante pour former un mélange explosif.

Chapitre III. — Mélanges de poussières avec de l'air te-

7ᵉ s., t. XI, p. 229, 1878, et *Bulletin de la Soc. de l'ind. min.*, 2ᵉ s., t. VI, 1877 ; même recueil, 2ᵉ s., t. VII, p. 617, 1878, et 2ᵉ s., t. IX, 1880, p. 157.

(*) *Chesterfield and Derbyshire Institute of mining, civil mechanical Eng.*, avril 1878, et *Bull. ind. min.*, 2ᵉ s., t. VII, 1878.

(**) *North of England Instit.*, vol. XXVIII, part. II (1879) et *Ann. des mines*, 7ᵉ s., t. XV, p. 374 (1879).

(***) *Ann. des mines*, 7ᵉ s., t. XX, p. 1881.

(****) *Pièces annexées aux procès-verbaux de la Commission du grisou.*

nant une quantité de grisou suffisante pour former un mélange explosif.

Chacun de ces chapitres sera subdivisé lui-même en trois parties :

I. — Discussion des accidents de mines.

II. — Résumé et discussion des différentes expériences faites jusqu'ici sur les poussières.

III. — Expériences personnelles aux auteurs et faites au nom de la commission du grisou.

Enfin un *quatrième et dernier chapitre* traitera des précautions à prendre contre les poussières.

CHAPITRE I

MÉLANGES DE POUSSIÈRES AVEC DE L'AIR NON CHARGÉ DE GRISOU.

I

ACCIDENTS DE MINES.

Un certain nombre d'accidents ont été attribués à la combustion des poussières seules. Ils peuvent se ranger en trois catégories bien distinctes suivant que la source de chaleur qui a provoqué l'inflammation est :

1° La flamme d'une lampe ;
2° Un coup de mine ;
3° Un coup de grisou local.

§ 1.

Inflammation des poussières par la flamme d'une lampe.

Puits Montmartre (1869) (*).

Dans un chantier très poussiéreux, une coulée de menus souleva un nuage qui s'enflamma à une lampe à feu nu et donna une langue de 7 à 8 mètres de longueur. Deux ouvriers furent légèrement brûlés; il n'y eut pas d'explosion proprement dite.

On n'avait *jamais* constaté de grisou dans cette mine où l'on avait toujours travaillé avec des lampes à feu nu.

Le chantier où l'accident s'est produit était tellement poussiéreux que toutes les dix minutes les ouvriers étaient obligés d'en sortir pour aller respirer dans les courants d'air.

Cet accident est certainement dû aux poussières, puisqu'il n'y avait *jamais* eu de grisou dans la mine et que les témoins de l'accident ont vu le nuage de poussière se soulever et s'allumer. Du reste, la flamme s'étant montrée sous la forme d'une langue de feu isolée dans la galerie ne peut provenir du grisou, qui aurait simplement donné une nappe de feu au toit.

Puits Montmartre (1869).

Un second accident analogue au précédent se produisit quelque temps après au même puits, mais à la surface. Un nuage de poussière soulevé par un culbuteur vint s'allumer à un quinquet et brûla légèrement un ouvrier qui se trouvait à un mètre du point d'inflammation.

(*) *Bulletin de la Soc. de l'industrie minérale*, 2ᵉ s., t. IV, 1875, p. 221. — Rapport de MM. Desbief et Chansselle.

Des accidents analogues se sont produits à différentes reprises soit au fond, soit au jour, dans le Gard, à Commentry, à Anzin, etc.

On peut immédiatement, de l'étude de ces accidents, tirer quelques conséquences intéressantes.

On voit d'abord que des poussières en suspension dans l'air pur peuvent former des mélanges combustibles. Ce fait a été nié par divers auteurs ; nous montrerons plus tard que cette erreur provient de la nature particulière des poussières qu'ils avaient employées dans leurs expériences.

Mais, d'autre part, la proportion des poussières qui existe normalement dans l'air d'un chantier, même très poussiéreux, est insuffisante pour donner un mélange combustible. Ces accidents se sont produits en des points naturellement très poussiéreux où l'on travaillait depuis longtemps avec des lampes à feu nu qui n'avaient jamais occasionné d'inflammation. Il a fallu que l'intervention d'une action mécanique particulière vînt soulever une quantité de poussière assez grande pour donner un mélange combustible.

La combustion, du reste, est toujours restée limitée à certaines parties du nuage de poussières soulevé, vraisemblablement à celles qui étaient les plus denses.

Enfin, la combustion n'a jamais, ni dans l'un ni dans l'autre cas, été accompagnée d'explosion ; il n'y a pas eu mort d'homme. Les blessés en ont été quittes pour quelques brûlures.

§ 2.

Inflammation de poussières occasionnée par un coup de mine.

Campagnac (Aveyron) (2 novembre 1874) (*).

Dans un chantier en cul-de-sac un coup de mine tiré au

(*) *Annales des mines*, 7ᵉ s., t. VII, 1875. — Mémoire de M. Vital.

ras du sol et doublement chargé après un premier raté, débourra et alla brûler, à 3o mètres de distance, des ouvriers qui moururent huit jours après des suites de leurs blessures ; la charge de poudre totale était de 250 à 3oo^g. Les ouvriers déclarèrent avoir vu s'avancer sur eux une flamme rouge remplissant toute la galerie. Ils furent surtout brûlés aux parties inférieures du corps; des fils à plomb suspendus au travers de la galerie ne furent détruits que dans le bas. Après l'accident on trouva des croûtes de coke sur les parois et sur les boisages.

Jamais on n'avait vu de grisou dans ce chantier ; on y travaillait à feu nu. Pourtant il existait en d'autres points de la mine de légers soufflards ; des explosions de grisou s'étaient produites en 1872 et 1874. A la suite de ces accidents on avait prescrit l'emploi de lampes de sûreté pour les travaux en cul-de-sac ; on ne s'en servait pas dans ce chantier par infraction aux règlements.

Le sol du chantier était couvert d'une couche de menus et de poussières ayant 5 centimètres d'épaisseur. Ces poussières donnaient à la distillation 33 o/o de gaz. Des expériences de laboratoire, dont nous parlerons plus loin, ont montré que leur mélange avec l'air seul était combustible.

Les faits précédents semblent indiquer assez nettement un accident dû aux poussières : la mine était peu grisouteuse, le chantier ne l'était pas et il n'y avait pas de vieux travaux au voisinage du point où l'accident s'est produit ; les poussières étaient abondantes et facilement combustibles ; les effets calorifiques les plus intenses se sont produits au voisinage du sol. Néanmoins la mine était grisouteuse et les moyens de reconnaître le grisou sont encore si imparfaits, qu'on ne peut affirmer que le grisou n'ait joué aucun rôle dans cet accident ; cela est cependant extrêmement vraisemblable.

On peut chercher à se faire une idée du volume d'air et de poussières qui a brûlé dans cet accident, volume qui est nécessairement bien inférieur à celui qu'a occupé la flamme. En calculant la dilatation des gaz correspondant à une température de 1.000 degrés seulement, on trouve qu'une flamme de 25 mètres de longueur suppose une inflammation du mélange sur une longueur de 5 mètres seulement. Cette longueur est peu supérieure à celle que doivent parcourir les gaz enflammés de la poudre.

Puits Sainte-Marie des mines de Blanzy (Saône-et-Loire) (7 février 1871) (*).

Deux ouvriers travaillaient à creuser une cheminée à l'extrémité d'une traverse de 6 mètres de longueur. Ils étaient arrivés à la profondeur de 6^m70. Un coup de mine ayant raté, ils le débourrèrent et mirent une seconde charge. Le coup débourra. On entendit deux explosions successives et les ouvriers qui étaient à 8^m de l'ouverture de la cheminée furent brûlés. L'un d'eux mourut quelques jours après des suites de ses blessures. Après l'explosion on trouva des croûtes de coke boursoufflées sur les bois de la traverse et de la galerie principale jusqu'à 12^m de l'orifice de la cheminée.

On n'a jamais vu de grisou en ce point ni avant, ni après l'accident, et au commencement du poste le maître mineur avait constaté l'absence du gaz. L'orifice de la cheminée était à 6^m du courant d'air principal et la ventilation se produisait sur cette longueur par simple diffusion; cette cheminée devait d'autre part aller percer dans de vieux travaux où l'on craignait de rencontrer beaucoup de gaz. Un sondage de 1^m,50 était poussé en avant, il n'avait pas encore percé et on l'avait bouché avec un tampon en bois qui était resté en place après l'accident; il n'avait donc pu sortir de gaz de ce côté. Néanmoins il faut dire que

---

(*) *Bulletin de l'industrie minérale, loc. cit.* — Rapport de MM. Desbief et Chansselle.

les couches du puits Sainte-Marie sont grisouteuses ; de accidents importants s'y sont produits à différentes re prises.

Le charbon fournit beaucoup de gaz à la distillatio et donne des poussières facilement inflammables. Il devai y en avoir une couche épaisse déposée sur tous les cadre de la cheminée.

Aucune visite ne paraît avoir été faite immédiatemen avant l'allumage du coup de mine ; le maître mineur en avai seulement fait une avant le commencement du poste L'absence du gaz avait d'ailleurs été constatée, comm d'habitude, à la lampe ; il pouvait donc y en avoir en tou temps de 2 à 4 p. 100, et cette proportion n'aurait même eu rien d'étonnant dans une couche de houille grisouteuse L'absence de grisou n'est donc pas démontrée d'une façon certaine, et il est possible que l'on se trouve en présence d'un simple accident de grisou.

Puits Saint-Camille, à la Péronnière (Rive-de-Gier) (6 juillet 1871) (*).

Deux ouvriers travaillant à un dépilage avaient pratiqué un trou de mine à 1 mètre de hauteur et l'avaient chargé de 6 cartouches contenant ensemble 200 à 220 grammes de poudre. Ils se retirèrent à 10 mètres de distance dans une direction opposée à celle du coup de mine. Celui-ci dé bourra et les deux hommes furent légèrement brûlés. Après l'accident on observa quelques croûtes de coke.

On n'a jamais vu de grisou dans ce quartier ni avant n après l'accident. Et comme on était à la fin d'un dépilage il est à peu près certain que le massif de houille ne devai plus dégager de gaz, quand même cela aurait eu lieu à l'origine.

(*) *Bulletin de l'industrie minérale*, loc. cit.

Il y avait sur le sol une couche de poussières assez épaisse.

Cet accident doit donc très vraisemblablement être attribué uniquement aux poussières ; les conclusions à en tirer sont les mêmes que celles que nous avons tirées de l'accident de Campagnac, en remarquant toutefois que les effets produits ont été bien moins considérables.

La Béraudière (Loire) (*).

Un accident s'est produit au moment où l'on prenait la dernière tranche d'un étage de 62 mètres de hauteur. Un ouvrier fut brûlé à 12 mètres de son chantier en faisant partir un coup de mine chargé de 250 grammes de poudre. On n'avait jamais vu de grisou dans cette exploitation : on est donc bien en présence d'un accident de poussières ; les conclusions à en tirer sont les mêmes que celles tirées des accidents précédents.

Fowler, à Pontypridd, près Cardiff (Angleterre) (21 octobre 1871) (*).

Deux piqueurs travaillaient dans un chantier en remonte ui devait mettre en communication deux niveaux différents. Un coup de mine chargé de 700 grammes et plongeant vers le sol débourra. Les ouvriers furent brûlés plus ou moins grièvement, mais aucun d'eux ne mourut des suites de ses blessures. Les traces de la flamme s'étendirent sur une longueur de 50 mètres. Il n'y eut pas d'explosion ni d'effets mécaniques produits ; les boisages et la cloison d'aérage qui séparait en deux le chantier restèrent intacts ; une benne chargée ne fut pas déplacée.

(*) *Bulletin de l'industrie minérale*, loc. cit.
(**) *Bulletin de l'industrie minérale*, 1878, p. 651. — Mémoire de M. Galloway, traduit par M. Chausselle.

La mine était grisouteuse; aussi tous les ouvriers étaient munis de lampes de sûreté, les coups de mines étaient allumés par des agents spéciaux, des *firemen*. Mais la ventilation dans le chantier était assez active pour qu'on n'y constatât nulle part la présence du grisou ni avant ni après l'accident. Cela prouve qu'il n'y avait pas une quantité de gaz suffisante pour faire marquer la lampe; il devait néanmoins y en avoir un peu, car on était à 238 mètres du puits d'aérage et l'air avait parcouru déjà six chantiers en longwall. M. Galloway fit après l'accident une expérience spéciale pour déterminer la proportion de grisou qui pouvait se trouver dans ce chantier. Un samedi, après la sortie des ouvriers, on éteignit le foyer, le courant d'air se mit alors à diminuer progressivement au fur et à mesure que la température du puits baissait. Le lendemain matin la ventilation générale étant réduite au cinquième de sa valeur primitive, la lampe commença à marquer. Cela indiquait, d'après les calculs de M. Galloway, que la quantité de grisou traversant le chantier en une seconde était de 16 litres, soit 0,54 p. 100 du volume d'air. En d'autres points de la mine il s'était produit d'abondants mélanges explosifs.

Le sol du chantier était couvert de menus et la poussière formait une couche de 30 centimètres d'épaisseur. Ce charbon donnait à la distillation 20 p. 100 de matières volatiles.

Il est impossible d'après les renseignements précédents de décider quelle est la nature de l'accident; le charbon était très grisouteux, on était en plein abattage et il a pu se former quelque accumulation du gaz, par exemple dans les vides de la couche de menus déposée sur le sol. Du charbon fraîchement abattu continue à dégager du gaz qui ne peut pas se diluer immédiatement dans l'air, surtout si le charbon est poussiéreux et forme des tas un peu compacts. Le chiffre de 0,54 p. 100 déterminé par M. Galloway a été déterminé vingt heures après que l'abatage avait cessé ; ce chiffre n'apprend donc rien sur la quantité de gaz qui se dégageait pendant le travail. Il est certain d'autre part qu'un coup de mine fortement chargé, débourrant et venant frapper sur un sol couvert de menus, réalise les conditions les plus favorables pour l'inflammation des poussières.

Quoi qu'il en soit, si cet accident est réellement un accident de poussières, il mène exactement aux mêmes conclusions que les précédents. La flamme s'est seulement étendue à une distance un peu plus considérable, à cause de l'énormité de la charge de poudre qui s'élevait à 700 grammes.

Trelys (Gard) (15 janvier 1875).

Un coup de mine chargé de 3 cartouches débourra ; une cartouche fut projetée aux pieds des ouvriers. L'un d'eux fut tué sur le coup, et deux autres, seulement blessés. On trouva après l'accident quelques croûtes de coke.

La mine n'était pas grisouteuse.

Trelys (Gard) (mars 1875).

Un accident analogue au précédent se produisit sans qu'il y eût personne de blessé.

Accident du puits de Brassac, concession de Robiac (30 juin 1866).

Cet accident s'est produit à une échelle intérieure dans un endroit très poussiéreux, il a été occasionné par l'inflammation de boîtes de poudre contenant ensemble 5 kilogrammes de poudre ; 9 ouvriers périrent, 2 brûlés et 7 asphyxiés. On retira encore 13 autres ouvriers asphyxiés ; mais ils purent être conservés à la vie, grâce à la rapidité avec laquelle le sauvetage fut organisé. Il y eut cinq portes d'aérages brisées; on trouva après l'accident des croûtes de coke sur les boisages. La mine était un peu grisouteuse, mais on n'avait pas vu de gaz avant l'accident.

On a considéré cet accident comme dû principalement aux poussières, à cause de la présence des croûtes de coke et du pouvoir asphyxiant du gaz. Il est bien certain que les poussières ont dû jouer un rôle, mais vraisemblablement tout à fait secondaire. La quantité de poudre brûlée et la rupture des portes d'aérage suffisent pour rendre compte du nombre d'ouvriers asphyxiés. La détonation de 5 kilogrammes de poudre de mine fournit en effet 3oo litres d'oxyde de carbone qui peut rendre délétère un volume 3oo fois plus considérable, soit en nombre rond 1oo mètres cubes d'air. La production d'un aussi grand volume de gaz irrespirable accompagnant un arrêt de l'aérage, dû à la rupture des portes, suffit donc pour expliquer l'importance de l'accident. Les poussières ont ajouté leur effet à celui de la poudre, mais n'y aurait-il pas eu de poussières, il est probable que l'accident aurait encore fait plusieurs victimes.

Sainte-Geneviève (Aveyron) (4 septembre 1877).

Un coup de mine de 127 grammes bourré avec de fines poussières débourra et brûla deux ouvriers situés à 1o mètres de là. On n'avait jamais vu de grisou dans le quartier où s'est produit l'accident.

Aubigny-les-Ronces (17 décembre 1880).

Un coup de mine bourré avec de la poussière brûla très légèrement un ouvrier.

On n'avait jamais vu de grisou dans cette mine.

Conclusions. — En considérant tous les accidents précédents comme dus aux poussières, bien que pour quelques-uns d'entre eux l'absence du grisou ne soit pas pleinement démontrée, on peut formuler les conclusions suivantes.

Ce sont toujours des coups de mine ayant débourré qui ont occasionné ces accidents, et le plus souvent ces coups de mines avaient été creusés au ras du sol et fortement chargés.

Ces combustions de poussières n'ont jamais été accompagnées d'explosions proprement dites et ne se sont jamais propagées à une grande distance. Les brûlures qu'elles ont produites n'ont jamais entraîné immédiatement mort d'homme.

Enfin, le nombre des accidents de cette nature est extrêmement petit, bien que les causes qui les ont amenés se reproduisent très fréquemment.

§ 3.

Explosions de poussières provoquées par un coup de grisou local.

Tous les accidents attribués à cette cause se sont produits dans des mines très grisouteuses; il est impossible, ainsi qu'on va le voir, d'affirmer que l'intervention du grisou seul ne suffit pas pour les expliquer.

Puits du Trenil (Loire) (1861).

Cet accident s'est produit un dimanche dans l'après-midi, peu après la descente du poste de nuit. Presque tous les ouvriers se trouvant dans la mine ont été tués; l'explosion a occasionné de nombreux éboulements. On n'a pas connu avec une entière certitude la cause de l'accident, mais on a supposé qu'une lampe trouvée ouverte avait pu mettre le feu. Les dégâts les plus considérables ont été produits dans la partie supérieure des travaux qui étaient en traçage. Cette mine était exploitée par grands piliers que l'on recoupait ensuite au moyen de remontes poussées à partir du niveau inférieur.

La ventilation était naturelle et devait être très faible le jour de l'accident, qui était un des plus chauds de l'été. Les chantiers tous en remonte étaient aérés uniquement par diffusion. Le dimanche, lorsqu'il n'y avait pas d'ouvriers dans la mine et par suite pas de mouvement dans les chantiers, cette diffusion était nécessairement très restreinte.

La mine était grisouteuse ; mais elle ne l'était pas à un point excessif, puisqu'il était possible de l'exploiter avec une organisation de l'aérage aussi imparfaite.

Après l'accident, de nombreuses croûtes de coke furent trouvées sur les boisages et contre les parois des galeries.

Pour expliquer cet accident on a supposé qu'un ouvrier porteur d'une lampe à feu nu avait pénétré dans un chantier et allumé le mélange explosif accumulé au sommet. Cette explosion initiale aurait soulevé et allumé des nuages de poussières qui auraient propagé le feu dans toute la mine. Bien des caractères pourtant semblent indiquer une explosion de grisou, plutôt qu'une explosion de poussières. La mine était grisouteuse, la ventilation était faible, l'explosion fut assez violente pour occasionner de nombreux éboulements; le feu fut le plus violent dans les travaux en traçage qui sont toujours les plus grisouteux et les moins poussiéreux. Le seul motif que l'on puisse donner en faveur des poussières est la faible quantité de gaz que l'on voyait habituellement dans les galeries principales, mais s'il y avait peu de gaz dans les galeries, il y en avait au somme de tous les chantiers, et les remblais qui les environnaient pouvaient encore être des réservoirs de gaz assez importants, qui ont pu se vider dans les galeries sous l'influence d'une faible explosion initiale. Au moment où l'accident s'est produit il n'y avait pas d'ouvriers depuis vingt-quatre heures dans la mine, on ne sait donc pas si les galeries principales elles-mêmes n'avaient pas été envahies par le gaz, par suite du défaut de ventilation.

Puits Cinq-Sous, à Blanzy (Saône-et-Loire)
(12 décembre 1867) (*).

L'accident eut lieu dans un quartier très vaste primitivement exploité par la méthode des grandes chambres sans remblais. Cette méthode appliquée dans une couche de 12 mètres de puissance avait produit de grands vides où se déclaraient souvent des incendies. Pour remédier à cet état de choses on avait commencé depuis quelque temps à remblayer avec beaucoup de soin, mais malgré cela on luttait difficilement contre le feu.

Le champ d'exploitation était divisé en quatre quartiers aérés successivement par un même courant d'air ; le quartier de la descenderie consistait en un traçage en cul-de-sac descendant en vallée au-dessous du niveau de 200 mètres. Le quartier du nord était formé par le dépilage d'une grande tranche horizontale située entre les niveaux 200 et 188. Aux étages 170 et 165 on déhouillait une première tranche de houille.

Le 12 décembre 1867, à 11 heures du matin, une violente explosion se produisit ; tous les ouvriers du quartier nord et de la descenderie furent tués, sauf deux qui travaillaient dans un chantier en cul-de-sac, voisin de la descenderie et ne s'aperçurent de rien. A l'étage 170, tous les ouvriers succombèrent également. A l'étage 165, ils échappèrent presque tous.

L'explosion paraît avoir pris naissance dans le quartier

(*) Pièces annexées aux procès-verbaux de la Commission du grisou. T. II. — Rapport de M. Delafond.

de la descenderie; cela semble résulter de la position des chariots après l'accident ; elle indique en effet l'existence de deux courants de flamme en sens opposés qui sont partis de l'origine de la descenderie pour se diriger dans la voie de niveau 200, l'un vers le puits, l'autre vers le quartier nord; c'est aussi dans ce quartier de la descenderie que la violence de l'explosion a été la plus considérable.

Parmi les ouvriers qui avaient succombé, les uns étaient brûlés, les autres asphyxiés. Dans tous les chantiers de la descenderie, sauf un, et dans les chantiers nord en cul-de-sac ils ont été asphyxiés; dans les chantiers non en cul-de-sac ils ont été brûlés.

Après l'explosion on trouva des croûtes de coke qui sur certaines parois atteignaient 15 millimètres d'épaisseur; elles se montraient surtout dans le quartier de la descenderie. La voie de roulage du niveau 200 qui fut parcourue par la flamme dans toute sa longueur en était à peu près exempte. Dans les chantiers en cul-de-sac les croûtes de coke s'arrêtaient à 5 ou 6 mètres du front de taille.

La ventilation étant naturelle, un seul courant d'air traversait successivement tous les quartiers. Le grisou avait toujours été très abondant dans cette region et avait occasionné déjà plusieurs accidents.

Le 23 avril 1851 une explosion tua cinq hommes au niveau 200. Les ouvriers travaillaient habituellement la tête dans le grisou.

Le 29 septembre 1853 une explosion se produisit au niveau 215 et tua tous les ouvriers, au nombre de onze, employés en ce point. Les travaux étaient en cul-de-sac et le grisou très abondant. Cette exploitation fut abandonnée à la suite de cet accident. On essaya de la reprendre en 1860, mais le grisou étant très abondant, des incendies se déclarèrent, et l'on abandonna encore les travaux. On tenta de nouveau de la reprendre en 1867; c'est alors que se produisit l'accident décrit ici.

Enfin, un quatrième accident, que nous décrirons plus loin, s'est produit au niveau 259 et a tué 41 ouvriers.

Les points de départ de tous ces accidents, comme le fait remarquer M. Delafond, forment un groupe bien défini ; ils sont tous situés au voisinage de la faille dite de l'Est.

Avant l'accident, le grisou s'était montré peu abondamment dans la descenderie et dans le quartier nord. On venait d'ouvrir dans la 9ᵉ tranche un chantier en cul-de-sac dans du charbon anciennement éboulé et donnant du grisou. Il existait, autour et au milieu des travaux, des remblais et des chambres d'éboulement qui pouvaient former des réservoirs de gaz importants. Le charbon exploité était très poussiéreux et très facilement inflammable. Dans le dépilage de la 2ᵉ tranche, les voies étaient couvertes de 10 centimètres de poussières.

Cet accident fut attribué, pour sa majeure partie au moins, aux poussières ; la faible quantité de gaz reconnue avant l'accident ne paraissait pas suffisante pour expliquer l'étendue de l'explosion.

Mais l'absence du grisou est loin d'être démontrée. Cette région était éminemment grisouteuse, comme le prouvent surabondamment les accidents dont elle avait déjà été le théâtre ; elle était entourée de réservoirs de gaz (chambres d'éboulement, etc.) ; enfin, si le grisou était peu abondant dans les chantiers, on en avait, néanmoins, reconnu la présence à la lampe dans les deux centres principaux de l'exploitation ; il y en avait donc là au moins 4 p. 100.

Les effets de l'explosion témoignent bien aussi de l'intervention du grisou. La flamme parcourut un très grand nombre de chantiers en cul-de-sac. On ne peut admettre que cette flamme provienne de la combustion des poussières, car pour brûler il faut que celles-ci soient mises d'abord en suspension par un courant d'air violent. Ce courant ne peut se produire dans un chantier en cul-de-sac que par suite de la combustion du mélange gazeux qu'il renferme, et encore ce courant ne sera-t-il assez intense, pour produire l'effet nécessaire, qu'à une certaine distance de l'extrémité du cul-de-sac. C'est là ce qui explique l'absence de croûtes de coke sur les 5 ou 6 derniers mètres.

La violence de l'explosion, les éboulements produits dans la descenderie indiquent bien aussi un accident de grisou, car d'après tous les faits notés d'une façon certaine les poussières ne donnent pas d'explosion proprement dite, la vitesse de propagation de la flamme y étant trop faible.

Cependant si le grisou a joué le rôle principal, on pourrait être étonné que les ouvriers, travaillant au fond des chantiers en cul-de-sac où il devait y avoir le plus de gaz, n'aient pas été brûlés le plus fortement. La raison en est, qu'un mélange gazeux, lorsqu'il brûle en repos, ne cède qu'une quantité de chaleur relativement faible aux corps solides avec lesquels il est en contact, car l'équilibre de température final dépend du rapport des masses mises en présence. Si, au contraire, le corps gazeux en ignition est en mouvement et se renouvelle au contact des corps solides, les masses entre lesquelles l'équilibre de température s'établit deviennent comparables, et le corps solide pourra s'échauffer considérablement ou même être brûlé.

L'expérience suivante que nous avons faite involontairement met bien ce fait en évidence. Nous faisions des expériences sur les lampes de sûreté; une conduite en bois de 2 mètres de longueur et $0^m.30$ de côté était traversée par un courant de mélange explosif au milieu duquel on plaçait la lampe. En arrière de la lampe se trouvait une toile métallique qui devait arrêter la flamme et l'empêcher de remonter dans la caisse. Pour plus de sûreté, l'autre extrémité de cette caisse était fermée par une feuille de papier qui devait faire soupape dans le cas bien improbable où une explosion se produirait en arrière de la toile. Une fausse manœuvre amena ce résultat; le feu remonta jusqu'à l'extrémité de la caisse et les gaz allumés continuèrent à sortir à travers la toile métallique. Cette toile métallique, au contact d'un gaz en ignition se renouvelant rapidement, fut complètement fondue, il n'en resta plus trace. A l'autre extrémité, la feuille de papier, au contact du même gaz en ignition, mais immobile, fut seulement roussie.

Cette discussion semble montrer d'une façon bien probable que dans la descenderie on a eu affaire à une explosion de grisou qui a pu ensuite soulever et faire brûler ou distiller une certaine quantité de poussières.

Dans le quartier nord l'intervention du grisou n'est pas aussi bien démontrée; elle est du moins tellement vraisemblable et les preuves de l'intervention exclusive des poussières font si complètement défaut qu'il n'y a pas lieu de chercher une explication différente pour les deux centres principaux de l'accident. Il pouvait ne pas y avoir là de grisou avant l'accident; mais la commotion produite par l'explosion de la descenderie a été largement suffisante pour jeter dans les travaux une partie des gaz renfermés dans les vieux travaux où il y en avait certainement, comme l'avait montré l'ouverture d'un chantier dans la 9ᵉ tranche au milieu d'anciens éboulements. Il ne faut pas oublier non plus que l'on n'a pas trouvé de croûtes de coke dans la galerie du niveau 200, que la flamme a suivie dans toute sa longueur pour aller de la descenderie au quartier nord.

Puits Cinq-Sous, à Blanzy (Saône-et-Loire)
(8 novembre 1872) (*).

A la suite de l'accident précédent, on abandonna les tra-

(*) Pièces annexes de la Commission du grisou, T. II. — Rapport de M. Delafond.

vaux situés entre les niveaux 200 et 165 et l'on créa un nouvel étage d'exploitation entre les niveaux 229 et 259. Au niveau 259 on avait déjà enlevé une première tranche horizontale dans la région nord et on commençait à attaquer la deuxième tranche. Il ne restait dans la première tranche qu'à déhouiller un petit prisme au mur de la couche. Un seul ouvrier travaillait en ce point dans un cul-de-sac. situé à 23 mètres du courant d'air ; il alluma un coup de mine malgré la défense qui lui en avait été faite. Aussitôt une forte explosion se produisit qui fut immédiatement suivie d'une seconde. Le feu parcourut toute la galerie de niveau tuant 41 ouvriers et n'en épargnant que 8.

On ne trouva après l'accident que des traces de coke sur les boisages.

Le point de départ de l'explosion se trouve, comme pour la précédente, au voisinage de la faille de l'Est. En ce point la couche est très disloquée et avait donné pendant le traçage et même pendant le dépilage de fréquents dégagements de grisou; aussi le tirage à la poudre avait-il été interdit. Mais le jour de l'accident on n'avait vu nulle part de gaz ; une visite avait été faite au chantier où le coup de mine fut tiré une demi-heure avant l'accident. Après le coup de feu on constata quelques traces de grisou dans les vides qui surmontaient le boisage. — Cependant un chef de poste échappé à la catastrophe dit avoir vu la flamme passer au-dessus de sa tête, caractère bien connu de la flamme du grisou.

La mine était poussiéreuse, mais le sol des galeries avait été arrosé la nuit précédente.

L'absence de croûtes de coke, la présence du grisou après l'accident et la flamme se montrant au toit indiquent bien nettement que l'on est en présence d'un accident de grisou. On a soutenu la thèse que si les croûtes de coke démontrent l'influence des poussières, leur absence est plus concluante encore, car elle montre que les poussières ont brûlé complètement et par conséquent ont produit une action beaucoup plus énergique que si elles avaient simplement distillé. Cette thèse ne nous paraît pas soutenable un instant; l'expérience montre en effet que pour qu'un mélange de poussière et d'air soit combustible, il faut qu'il contienne une proportion de poussières bien supérieure à celle que l'air peut entièrement brûler. M. Galloway a trouvé que la proportion la plus convenable était d'un kilog. de poussières pour un mètre cube d'air, tandis que la proportion correspondant à la combustion complète est de 100 grammes environ.

Du reste un mélange de poussière et d'air ne peut pas être homogène; il y aura toujours des points où la poussière sera en excès, et où il se formera des croûtes de coke. L'absence de ces dépôts de coke prouve donc d'une façon certaine la non-combustion des poussières.

Puits de la Garenne, à Épinac (Saône-et-Loire) (17 avril 1871) (*).

On traçait un nouvel étage d'exploitation au moyen de deux galeries de direction, située l'une au niveau 459, l'autre au niveau 452. De ces niveaux partaient des montages et descenderies en cul-de-sac. L'accident se produisit le lundi matin 17 avril aussitôt après la descente des ouvriers. Ils furent trouvés tous morts au nombre de dix, dans le niveau 459. Sur leurs dix lampes, cinq furent retrouvées détamisées; quatre avaient encore leur tamis et une ne fut pas retrouvée du tout. Les dégâts matériels furent considérables. On trouva après l'explosion d'épaisses croûtes de coke.

La mine était aérée naturellement; les avancements et les montages étaient tous grisouteux. On avait dû dans

---

(*) Pièces annexes de la Commission du grisou, T. II. — Rapport de M. Delafond.

l'un d'eux installer un ventilateur à bras ; à la suite du repos du dimanche, ce montage était nécessairement plus ou moins rempli de gaz.

On a supposé, à cause de la présence des croûtes de coke, que dans cet accident le principal rôle appartenait aux poussières. Nous croyons que les circonstances montrent avec évidence que ce rôle doit être attribué au grisou. Les ouvriers se rendaient tous ensemble au travail avec des lampes détamisées c'est-à-dire à feu nu ; ils auront pu suivre sans encombre le niveau qui était ventilé, puis l'un d'eux entrant dans son chantier, y aura trouvé un mélange explosif accumulé depuis le samedi et l'aura allumé, ou peut-être simplement aura-t-il fait marcher le ventilateur à bras et rejeté dans le niveau le mélange explosif.

Llann, près Cardiff (Angleterre) (6 décembre 1875)

L'explosion se produisit dans un niveau en cul-de-sac de 5o mètres de longueur. Ce niveau avait une galerie de retour d'air parallèle, mais elle s'était éboulée et ne laissait plus du tout arriver d'air. On était occupé à enlever les piliers qui séparaient les deux galeries et se trouvaient en amont de celle restée libre ; les chantiers étaient poussés jusqu'au point où l'on arrivait au charbon éboulé. Les ouvriers se servaient de lampes à feu nu. Dans cette explosion douze hommes furent tués et cinq grièvement blessés. Un de ceux qui furent sauvés déclara avoir vu la flamme passer au-dessus de sa tête. La flamme s'est étendue sur 294 mètres de longueur de galeries. Les effets mécaniques furent relativement faibles. Il se forma une grande quantité de croûtes de coke dont l'épaisseur en certains points atteignit 25 millimètres. La cause de l'accident est restée inconnue,

---

(*) *Bulletin de l'industrie minérale*, 1877, p. 8o6-822. Id., 1878, p. 62). — Mémoire de M. Galloway.

mais très vraisemblablement une lampe à feu nu a allumé un amas de mélange explosif qui existait en un point quelconque.

On n'avait pas vu de grisou dans les chantiers une heure avant l'accident, mais on en avait vu à plusieurs reprises les jours précédents et l'on en vit encore le lendemain. Trois jours plus tard deux chantiers se remplirent de grisou jusqu'au niveau à la suite d'un éboulement du toit. La ventilation de la mine était naturelle ; le bout de galerie, point de départ de l'explosion, était aéré seulement par diffusion sur 5o mètres de longueur. Les ouvriers avaient des lampes de sûreté pour faire la visite de leur chantier avant d'y rentrer, et y travaillaient ensuite à feu nu.

La houille qui donnait à la distillation 3o p. 100 de matières volatiles devait former des poussières facilement inflammables.

Cet accident a été attribué pour la majeure partie aux poussières à cause de la formation de croûtes de coke, de la faiblesse de l'explosion et de l'absence de grisou reconnue une heure avant l'explosion.

La formation des croûtes de coke prouve simplement, comme nous l'avons fait remarquer plus haut, qu'il y a eu une combustion vive, mais ne peut apprendre en aucune façon si ce sont les poussières ou le grisou qui ont provoqué l'explosion.

L'absence de grisou avant l'accident, si elle a été bien sérieusement constatée ne prouve pas que plus tard il n'y en ait pas eu. La région était grisouteuse, mal ventilée, par conséquent, les éboulements situés en amont de la galerie devaient être plus ou moins remplis de gaz. Une venue subite de grisou a pu se produire comme cela est arrivé trois jours plus tard. Le témoignage d'un des ouvriers retirés vivants qui a vu la flamme passer sur sa tête ne s'accorde pas avec une combustion de poussières qui aurait donné les effets calorifiques les plus intenses au voisinage du sol.

Il faut remarquer d'ailleurs que l'absence ou la faiblesse de l'explosion est bien un caractère commun à tous les accidents dus à une combustion de poussières, mais que la réciproque n'est pas vraie. Le grisou lui aussi peut brûler sans donner d'explosion. Une combustion est explosive quand l'inflammation se propage dans toute la masse avec une vitesse suffisante. Nous avons reconnu par de nombreuses expériences de laboratoire que la vitesse de propagation de la flamme dans les mélanges de grisou et d'air peut varier d'un décimètre à une centaine de mètres par seconde. Ces différences tiennent principalement à l'agitation du mélange gazeux pendant la combustion. La combustion du grisou sera donc explosive ou non suivant les circonstances. Une expérience très simple met bien nettement un fait en évidence. Un tube en verre de 2 mètres de longueur et 3 centimètres de diamètre, fermé à une de ses extrémités est rempli d'un mélange explosif de grisou. En mettant le feu à l'extrémité ouverte on voit la flamme avancer lentement dans le tube, elle met environ 3 secondes à le parcourir dans toute sa longueur; il n'y a pas d'explosion. En l'enflammant au contraire à l'extrémité fermée par une étincelle électrique, la flamme traverse tout le tube en un temps inappréciable à l'œil et inférieur à un dixième de seconde; il se produit une violente explosion comparable à un coup de fusil. Si donc dans une galerie en cul-de-sac remplie de grisou, un ouvrier arrive avec une lampe à feu nu et par conséquent allume le gaz à l'extrémité libre, il n'y aura pas d'explosion. Si, au contraire, un ouvrier ayant pénétré au fond de la galerie avec une lampe de sûreté vient à ouvrir celle-ci, il se produira une explosion extrèmement violente. On voit ainsi que l'absence d'explosion est un caractère négatif qui ne peut rien apprendre.

Cet accident nous paraît rentrer dans la catégorie, malheureusement la plus nombreuse, des explosions de grisou, celles avant lesquelles on ne se méfiait pas de la présence du gaz et après lesquelles on manque de renseignements par suite de la mort des principaux témoins.

Pelton (Angleterre) (1866) (*).

Un ouvrier travaillait seul dans un chantier qui allait percer dans des travaux voisins ; une explosion violente se produisit lorsqu'il eut établi la communication et trente-quatre hommes furent tués. On trouva de nombreuses croûtes de coke.

La couche était connue comme grisouteuse par place, mais la ventilation était bonne. Le matin de l'explosion on avait constaté la présence d'un mélange explosif au sommet d'un éboulement dans le chantier où s'est produit l'accident. On avait recommandé à l'ouvrier de mettre à l'écart sa lampe au moment du percement pour éviter de la soumettre au courant gazeux trop rapide qui pouvait se produire au moment du percement.

On a considéré cet accident comme dû aux poussières. Mais la présence du gaz avait été reconnue au sommet d'un éboulement et cet éboulement lui-même pouvait être un réservoir de gaz important ; enfin il n'est donné aucun renseignement sur les travaux dans lesquels on est venu percer. Ils pouvaient être très grisouteux et on le craignait puisqu'on avait recommandé à l'ouvrier d'écarter soigneusement sa lampe. L'accident s'étant produit exactement dans les circonstances qui avaient été prévues, il est assez naturel de le rapporter à la cause signalée à l'avance, au grisou.

(*) *Industrie minérale*, 1879. — Mémoire de M. Galloway.

Dinas (Pays de Galles) (13 janvier 1879).

Au sujet de cet accident, M. Galloway s'exprime ainsi dans son mémoire :

« Les travaux étaient très secs et poussiéreux. De petites accumulations de gaz explosif s'y formaient de temps en temps, mais elles n'étaient pas d'une importance suffisante pour expliquer le désastre. L'air qui avait balayé les chantiers remplissant près de la moitié du vide existant contenait toujours plus de 2 p. 100 de grisou. Sous ce rapport il ne différait pas essentiellement du retour d'air des mines de charbon à vapeur du district, étant meilleur que dans les unes, moins bon que dans les autres. S'il ne s'y fût pas trouvé de poussières charbonneuses, j'aurais considéré cette mine comme comparativement sûre. »

On peut, ce nous semble, affirmer qu'une mine dont le retour d'air tient plus de 2 p. 100 de gaz doit renfermer de nombreux amas de mélanges explosifs suffisants pour occasionner une catastrophe générale.

Nous mentionnerons encore diverses explosions :

Pembertin (*)	11 Octobre	1877
Blantyre	22 Octobre	1877
Thuty-Brook	12 Mars	1878
Apudale	27 Mars	1878
Haydock	7 Juin	1878
Abercarue	11 Septembre	1878

qui ont été attribuées aux poussières, sans qu'on ait donné à leur sujet des renseignements suffisants pour appuyer cette manière de voir. Il est très vraisemblable que les mines où elles se sont produites doivent être rangées dans la catégorie de celles que M. Galloway considère comme *comparativement sûres*, et qui sont en réalité très grisouteuses.

(*) *Industrie minérale*, 1879, p. 162. — Mémoire de M. Galloway.

Seaham, Durham (8 septembre 1880) (*).

L'accident s'est produit dans la couche principale exploitée à Seaham à la profondeur de 466 mètres. Des 169 ouvriers travaillant dans cette veine au moment de l'explosion, cinq seulement ont pu être sauvés. Parmi les 164 morts, trois paraissent avoir succombé à des brûlures, une dizaine à des fractures; enfin, 150, c'est-à-dire la presque totalité, furent simplement asphyxiés; beaucoup d'ouvriers ont encore vécu plusieurs heures après l'accident, comme le prouvent les inscriptions à la craie que l'on a retrouvées. Les traces les plus considérables de l'explosion ont été trouvées dans les galeries d'entrée d'air et au voisinage des puits, c'est-à-dire très loin de tous les chantiers. On n'a trouvé nulle part de croûtes de coke après l'accident. La couche exploitée était peu grisouteuse et la surveillance était exercée avec beaucoup de soin. Pourtant une explosion de grisou s'était déjà produite en 1871 et avait fait vingt et une victimes.

L'étendue des travaux était très considérable; les quartiers en activité occupaient une surface de 250 hectares et les vieux travaux abandonnés une surface de 600 hectares. La plupart des galeries d'aérage avaient de 2,000 à 3,000 mètres de longueur. Comme dans presque toutes les mines anglaises, les puits étaient voisins les uns des autres, et les courants d'aérage se croisaient fréquemment en passant à travers des coffres en bois ou en briques très peu résistants. Il y avait huit croisements de ce genre dans un rayon de 200 mètres autour des puits. L'explosion détruisit tous ces croisements, et l'aérage fut instantanément arrêté dans toute la mine. Le nombre considérable d'hommes tués dans cet accident, ainsi que dans la plupart des grands accidents d'Angleterre, tient, comme l'a fait remarquer M. Aguillon,

---

(*) *Annales des mines*, 1880. — Mémoire de M. Aguillon.

à cette organisation absolument défectueuse de l'aérage. C'est là, d'une façon certaine, la cause principale à laquelle on attribua le nombre si élevé des victimes dans cet accident ; quant à la cause accidentelle de l'explosion qui a amené la rupture des coffres qui assuraient la distribution de l'air, elle est restée complètement inconnue.

L'enquête ouverte au sujet de l'accident n'est pas arrivée à élucider ce point. Il y eut trois enquêtes faites parallèlement par les inspecteurs du gouvernement, les directeurs des mines du district et les ouvriers. Deux d'entre elles attribuèrent l'accident au grisou, mais en placèrent l'origine en des points très différents ; la troisième l'attribua aux poussières.

La raison qui conduirait à admettre l'intervention des poussières est la difficulté d'expliquer la présence du grisou dans les galeries d'entrée d'air ; mais l'absence de croûtes de coke paraît démontrer la fausseté de cette hypothèse. Du reste, d'après les expériences de M. Abel, les poussières de Seaham mêlées à l'air seul sont incombustibles ; pour qu'elles deviennent combustibles, il faut, suivant le savant professeur, que le mélange contienne une proportion de grisou égale aux 70 p. 100 de la quantité qui donnerait avec l'air seul un mélange combustible. Or il est aussi difficile d'expliquer la présence, dans la galerie d'entrée d'air, de cette quantité de grisou, que d'une quantité un peu plus considérable. Il ne serait pas impossible, cependant, que les poussières remises au professeur Abel fussent les moins combustibles de la mine de Seaham. Nous savons, en effet, de source certaine que certains charbons de cette mine rendent à la distillation, plus de 30 p. 100 de matières volatiles. Ils doivent donc vraisemblablement, comme nous le montrerons plus loin par nos expériences, donner des poussières combustibles. Dans ces conditions, la conclusion la plus sage à tirer de cet accident est cette formule du jury anglais qui déclare dans son verdict : « Que les ouvriers,

« sur la mort desquels il était consulté, avaient péri par
« explosion, mais qu'il se trouvait incapable de dire où
« l'explosion avait eu lieu. »

Penygraig (10 décembre 1880) (*).

Cet accident s'est produit la nuit pendant le poste de
réparation. Sur 106 ouvriers se trouvant dans la mine, 101
furent tués, la plupart brûlés, un certain nombre écrasés
par les éboulements. Leur mort fut assez rapide pour qu'aucun n'ait eu le temps de fuir ; ils furent trouvés à la place
même où ils travaillaient. Le feu parcourut toute la mine ;
on trouva après l'accident des quantités considérables de
croûtes de coke.

La mine n'était ouverte que depuis un an, et se trouvait
par conséquent encore dans la période préparatoire. L'exploitation était extrêmement active. La couche exploitée était
grisouteuse et sujette aux venues subites de gaz ; elle avait
été le théâtre de plusieurs explosions importantes dans les
exploitations voisines. A une trentaine de mètres au-dessus
se trouvaient deux couches minces exceptionnellement
grisouteuses, où l'on avait fait un captage de gaz pour
éclairer les travaux de la surface. Le retour d'air général
de la mine tenait normalement 2 p. 100 de grisou d'après
la détermination de M. Galloway. On exploitait avec remblais sur 2 mètres de hauteur, mais on employait surtout
comme remblais les menus charbons que l'on n'extrayait
pas au jour. Ces remblais étaient en général très insuffi-
sants et on laissait de grands vides qui ne se remplissaient
que par l'effondrement du toit. Ces vieux travaux étaient
donc dans les meilleures conditions pour former d'importants réservoirs de gaz. La majeure partie du chantier
était en amont de la galerie d'aérage formant des culs-de-

(*) *Annales des Mines*, 1881. — Mémoire de M. Aguillon.

sac dont on obtenait l'aérage au moyen de toiles pendantes qui les divisaient en deux parties. En un mot la mine était la plus dangereuse d'un des districts houillers les plus dangereux de toute l'Angleterre.

La mine d'autre part était sèche et poussiéreuse ; le sol était recouvert en général d'une couche de 10 centimètres de poussières.

Cet accident a été considéré comme dû à une explosion de grisou par tous les directeurs de mines et inspecteurs du gouvernement qui ont déposé dans l'enquête. M. Galloway seul a cru y voir une explosion de poussières. Les motifs qu'il invoque à l'appui de cette opinion sont d'une part la présence de croûtes de coke nombreuses, preuve qui est très loin d'être péremptoire, comme nous l'avons répété bien des fois, et d'autre part la posture dans laquelle on a trouvé les cadavres d'un grand nombre d'ouvriers : ils étaient à genoux, la tête par terre et cachée entre les mains. Il suppose que c'est en voyant s'élever un nuage de poussière et pour éviter la suffocation qu'ils ont pris cette position. C'est là une explication qui nous paraît gratuite et peu vraisemblable. Pour éviter la suffocation, les ouvriers auraient dû au contraire se mettre debout, le nuage de poussière devant être plus épais au voisinage du sol. Il est probable qu'ayant entendu le bruit de l'explosion et senti le coup de vent précurseur bien connu des mineurs, ils se sont jetés à terre pour éviter la flamme du grisou, qui, fait également bien connu des mineurs, est plus intense au sommet des galeries où le gaz s'accumule en plus grande quantité à cause de sa légèreté. Il nous paraît certain que l'on est ici en présence d'un accident de grisou, et nous ne croyons pouvoir mieux faire que reproduire les conclusions de M. Aguillon au sujet de cet accident : « Il fut établi par l'enquête « qu'il y avait eu affaissement du toit dans la région où a « commencé l'explosion, affaissement généralement ac- « compagné dans les exploitations par *longwall* d'un

« dégagement de grisou, qu'il y avait eu en outre des
« éboulements qui avaient dû ralentir l'aérage dans ce
« quartier. Toutes ces causes pourraient parfaitement ex-
« pliquer que l'atmosphère d'un quartier aéré par le retour
« d'air de tout un district grisouteux fût devenu explo-
« sible, alors surtout que ce quartier formait un point haut
« dans la mine avec changement de sens du courant
« d'air.

    « Quant à la cause de l'inflammation, toujours secon-
« daire en pareille occurrence, on sait qu'on a tiré un coup
« de mine vers le point le plus haut ; en outre on ne se
« servait que de lampes Clanny dans des courants dont la
« vitesse pouvait être assez grande.

    « Si l'on veut bien réfléchir à l'ensemble de ces circon-
« stances, si l'on observe de plus que l'aérage de tous ces
« quartiers reposait sur des portes en toile, que l'in-
« flammation première une fois produite, tout le grisou
« des vides et des vieux travaux a dû se répandre dans la
« mine, il semble qu'il y a là plus de motifs qu'il n'en
« faut pour expliquer l'explosion tout aussi rationnelle-
« ment que par la théorie des poussières de M. Galloway. »

Conclusion.

La discussion précédente montre qu'aucun accident de
quelque importance ne peut être attribué non seulement
d'une façon certaine, mais même d'une façon vraisemblable
aux poussières. L'impossibilité que la poussière occasionne
de grands accidents est encore prouvée par le fait que les
mines de lignite, généralement très poussiéreuses, en même
temps peu grisouteuses, et dont les poussières sont extrêmement inflammables, n'ont été jusqu'ici le théâtre d'aucun
grand accident de ce genre.

La facilité avec laquelle on attribue les accidents de
grisou aux poussières tient à ce qu'on les voit, tandis que

l'on ne voit pas le grisou. Avant un accident on voit la poussière dans toute la mine; pendant l'accident on voit la fumée provenant de sa distillation sortir par les puits et après on trouve les croûtes de coke collées sur les bois. De petites quantités de poussières brûlées suffisent pour produire des apparences frappantes qui ne peuvent échapper à personne. Le grisou, au contraire, échappe en temps normal facilement aux recherches; les ouvriers qui l'ont vu brûler dans l'accident ne sont plus là en généra. pour en témoigner et, après l'accident, il ne laisse plus guère de traces visibles.

Nous insisterons un peu sur ces considérations, car c'est là qu'il faut chercher la cause de toutes les idées, exagérées à notre avis, qui ont été émises sur le rôle des poussières.

Les preuves que l'on donne pour montrer l'influence des poussières se réduisent généralement à deux : 1° absence du grisou avant un accident; 2° existence de croûtes de coke après. Ces preuves ne sont pas du tout probantes.

L'absence de grisou avant un accident est impossible à démontrer. Le procédé employé partout et le seul connu jusqu'à présent pour reconnaître la présence du gaz, l'inspection de la flamme de la lampe, est assez grossier. Il ne permet guère de reconnaître la présence de quantités de gaz inférieures à 3 p. 100, et dans la pratique les mineurs, qui sont en général assez mal exercés à ce genre d'observation, ne savent pas reconnaître une quantité de gaz inférieure à 4 p. 100. Or une proportion de 6,5 p. 100 suffit pour former un mélange explosif. Il n'y a donc qu'un écart très faible entre le point où l'on commence à soupçonner la présence du grisou et celui où il devient dangereux. Bien des causes peuvent rapidement porter la proportion de gaz de 4 p. 100 à 6,5 p. 100, soit en augmentant le volume du gaz, soit en diminuant celui de l'air.

Les causes qui peuvent modifier l'aérage et diminuer la

quantité d'air sont trop nombreuses pour être citées toutes : nous nous bornerons aux plus importantes.

Les portes d'aérage peuvent être laissées ouvertes par négligence, être détériorées par un choc ou être enlevées momentanément pour une réparation.

Des éboulements dans des voies de retour d'air étroites et mal entretenues, ou même la circulation des hommes, des chevaux, des wagons dans les galeries de roulage peuvent amener une obstruction plus ou moins complète du courant d'air. L'amoncellemeut des charbons au bas des chantiers peut encore produire le même effet.

La répartition de l'air entre les différents quartiers d'une mine peut d'ailleurs varier d'un moment à l'autre. Un groupe de chantiers devenant dangereux, on augmente son volume d'air, surtout aux dépens des chantiers voisins, et l'on peut ainsi amener une accumulation de gaz en un point où la sécurité était absolue quelques instants auparavant.

Enfin une pratique assez dangereuse et pourtant très répandue consiste à arrêter la ventilation pour le graissage. On admet souvent qu'un arrêt de 15 minutes est sans inconvénients. Pourtant ce temps peut suffire à remplir de mélange explosif un chantier grisouteux, qui dans les conditions normales peut être assez bien aéré pour que la lampe n'y marque pas. Pendant les jours les plus chauds de l'année la ventilation naturelle qui succède à la ventilation mécanique après l'arrêt du ventilateur peut-être nulle, et si l'on réfléchit que la quantité de grisou se dégageant par seconde d'une mine grisouteuse se compte par centaines de litres, on voit que la quantité qui pourra s'accumuler dans la mine en un quart d'heure se comptera par centaines de mètres cubes, et le volume du mélange explosif qui en résulterait par milliers de mètres cubes. Il est bien vrai que la ventilation naturelle est rarement nulle, et qu'en bien des endroits il y aura assez d'air pour diluer le grisou de façon à le rendre inexplosif; mais ne se formerait-il que quelques mètres cubes de mélange explosif, au lieu de quelques milliers, cela suffirait encore pour expliquer la production de violentes explosions.

Il peut arriver aussi que, l'aérage n'étant pas modifié, l'état de la mine l'est cependant par l'augmentation dans la quantité de grisou dégagée par unité de temps. Cette augmentation peut avoir encore plusieurs causes.

Les dégagements instantanés considérés comme assez rares se produisent vraisemblablement plus souvent qu'on ne pense. Depuis que l'accident de Frameries a attiré l'attention sur cet ordre de phénomènes, des observations faites en Belgique et en Angleterre ont montré la fréquence de ces dégagements dans certaines couches.

L'ouverture des soufflards se fait généralement d'une manière subite pendant l'abatage, souvent après le tirage d'un coup de mine et c'est aux premiers moments de leur ouverture que le débit en est le plus fort.

Les vieux travaux, les éboulements forment des réservoirs de gaz plus ou moins importants et différentes causes peuvent en chasser le grisou. Un simple changement dans la disposition des courants d'aérage pourra amener une sortie du gaz dans une galerie qui en était d'abord complètement exempte. Mais cet effet sera surtout produit par un coup de grisou local se produisant au contact de vieux travaux, peut-être même par un simple coup de mine un peu fortement chargé. C'est vraisemblablement ainsi que doivent s'expliquer la plupart des explosions générales qui se sont produites dans des mines grisouteuses, mais bien ventilées, où l'on ne connaissait que de faibles amas de mélanges explosifs (*).

____

(*) Il pourrait sembler y avoir dans ces idées relatives au danger des vieux travaux une contradiction avec celles émises par l'un de nous dans un mémoire sur l'influence des variations barométriques. Nous y avons discuté et combattu l'opinion que tous les vieux tra-

Si l'absence de grisou peut bien rarement être démontrée, la formation de croûtes de coke, qui est incontestable dans un grand nombre d'accidents, ne prouve pas que le grisou n'ait pas été la cause de ces explosions. Leur existence montre simplement que la température a été suffisamment élevée pour décomposer des poussières de houille et distiller une partie des matières volatiles qu'elles renferment. La seule conclusion qu'on ait le droit d'en tirer est qu'elles ont joué un rôle plus ou moins considérable, peut-être d'ailleurs tout à fait secondaire, par les gaz qu'elles ont dégagés.

Il peut même arriver souvent que leur formation soit en grande partie postérieure à l'accident et que par suite leur influence sur celui-ci ait été presque nulle. Une explosion de grisou peut, en effet, soulever des poussières et les ramollir juste assez pour les coller sur les boisages sans les décomposer. Leur combustion et leur cokification

---

vaux d'une mine pouvaient être remplis de grisou. L'expérience montre en effet qu'au bout d'un certain nombre de mois ou d'années ces vieux travaux se purgent plus ou moins complètement et qu'ils ne renferment jamais les milliers de mètres cubes de grisou pur, nécessaires pour que les variations barométriques, aussi faibles qu'on les connît, puissent avoir un effet sensible. Mais, s'il est impossible de trouver dans les vieux travaux des quantités aussi considérables de gaz, il est bien certain néanmoins que l'on pourra y en trouver çà et là quelques mètres cubes. Dans les galeries, dans les chantiers, c'est-à-dire aux points où l'aérage est le plus actif, il se forme déjà des amas de mélange explosif; il s'en formera à plus forte raison dans les vieux travaux où la ventilation est très faible, quelquefois nulle. Ces accumulations se feront de préférence au voisinage des chantiers, c'est-à-dire là ou leur présence est la plus dangereuse, soit que le gaz se dégageant du front de taille puisse s'élever dans des remblais situés en amont, soit que les menus, les schistes abandonnés sur place, les roches encaissantes continuent à dégager du gaz un certain temps après l'abatage et le remblayage. Il arrive fréquemment aussi qu'un soufflard est noyé dans les remblais; son débit aura beau être faible, son point de dégagement sera nécessairement le centre d'une accumulation considérable de gaz.

peuvent ensuite continuer à se produire lentement pendant un temps plus ou moins long. Cette hypothèse est appuyée par les travaux de M. Fayol, qui nous ont appris que la combustion lente des poussières commence à se produire à la température ordinaire et devient relativement très rapide à 400°.

Nous avons d'ailleurs eu l'occasion de constater ce fait d'une façon très nette dans nos expériences. Un jour, après avoir terminé une série d'expériences sur les poussières dans notre longue caisse en bois, nous sommes partis après nous être assurés comme d'habitude qu'il n'était rien resté d'allumé à l'intérieur. Le fond de la boîte était recouvert d'une couche épaisse de poussière qui paraissait complètement sombre et ne dégageait plus de vapeurs. En revenant le lendemain, nous avons cependant trouvé toutes les poussières brûlées ainsi que le fond de la boîte dont il ne restait que quelques morceaux carbonisés. Il s'était produit là une combustion lente sans flamme, car les parois et le fond supérieur de la boîte étaient restés intacts.

En résumé, toutes les grandes explosions que l'on a attribuées aux poussières seules se sont produites dans des mines grisouteuses. Le fait que les poussières à elles seules peuvent donner lieu à une explosion importante ne serait établi que le jour où une explosion de cette nature se produirait dans des mines que l'on pourrait considérer avec certitude comme dépourvues de grisou.

II.

RÉSUMÉ DES EXPÉRIENCES FAITES PAR DIVERS AUTEURS.

§ 1.

Inflammation des poussières par une lampe.

Expériences de M. Galloway (*). — M. Galloway qui, l'un des premiers, étudia la question des poussières au point de vue expérimental, employa pour ses expériences un appareil analogue à celui dont on se sert habituellement pour essayer les lampes de sûreté. Il consistait en un conduit en bois de 5ᵐ,71 de longueur et d'une section intérieure de 0ᵐ,305 sur 0ᵐ,152, mis en communication avec la galerie d'un ventilateur aspirant ; des registres permettaient de régler à volonté la rapidité du courant d'air. Une trémie servait à l'introduction des poussières qui, entraînées par le courant d'air, allaient après un parcours de 2 mètres passer sur une lampe à feu nu.

Les poussières charbonneuses expérimentées au nombre de deux avaient pour composition :

	Charbon à coke.	Charbon à vapeur.
C.	85,3	82,6
H.	5	5,4
O.	1,3	1,6
Az.	0,6	1
S.	0,7	0,8
Eau hygrométrique. . . .	0,6	0,7
Cendres.	6,5	3,5
	100	100

(*) *Industrie minérale*, 2ᵉ s., t. VI, 1877, p. 802. — Mémoire de M. Galloway, traduit par M. Chansselle.

La proportion de matières volatiles que ces charbons donnent à la calcination n'est pas indiquée, mais d'après des renseignements que nous devons à l'obligeance de M. Aguillon, cette proportion doit être :

Charbon à coke. . . . . 22 o/o
Charbon à vapeur. . . . . 15 o/o

Dans certaines expériences, le charbon à coke fut soigneusement desséché et passé à travers une mousseline avant d'être employée.

Pour faire les expériences on réglait les registres de façon à faire traverser la caisse par un courant d'air dont la vitesse d'ailleurs n'est pas indiquée, puis on faisait tomber la poussière par la trémie. On voyait alors la flamme de la lampe à feu nu s'allonger un peu, mais dans aucun cas le mélange ne prit feu. M. Galloway conclut ainsi :

« Le résultat de ces expériences et d'autres que j'ai faites depuis semblent indiquer d'une façon très concluante qu'un mélange d'air et de poussière de houille n'est pas inflammable à la pression et à la température ordinaires. »

Expériences d'auteurs inconnus (*). — MM. Marreco et Morison ont rendu compte d'expériences qui ont été faites dans le Durham par des personnes qu'ils ne nomment pas, avec des poussières de houille d'une provenance et d'une composition également tenues secrètes. Dans ces expériences on laissait tomber d'un coup 5 litres de poussières d'une hauteur de six mètres sur un foyer ou une forte flamme de gaz. On reconnut ainsi que les poussières suivant leur nature prenaient feu en donnant une flamme plus ou moins volumineuse, ou ne brûlaient pas du tout.

(*) *North of England Institute of mining and mechanical Engineers*, 1879.

Dans les circonstances les plus favorables il se produisit une flamme de 10 mètres de haut sur 10 mètres de large, très brillante et rayonnant une très grande quantité de chaleur. D'autres poussières donnèrent une flamme de 2 mètres de haut seulement, très sombre et peu chaude. D'autres poussières enfin ne brûlèrent pas du tout et éteignirent le foyer en tombant dessus.

Les différences que présentent les poussières de houille suivant leur nature expliquent sans doute l'insuccès des expériences de M. Galloway.

Expériences de M. le professeur Abel (*). — Ce savant fut chargé à la suite du récent accident de Seaham de faire des expériences sur les poussières afin de déterminer le rôle qu'elles avaient pu jouer dans cet accident. Ces expériences portèrent sur dix échantillons de poussière de Seaham donnant à la distillation de 13 à 22 p. 100 de matières volatiles; elles furent faites dans un appareil tout à fait analogue à celui de M. Galloway. Les résultats furent absolument négatifs; aucun mélange de poussière et d'air ne put être enflammé ni par une lampe à feu nu, ni par un bec de gaz. Ces expériences répétées sur des poussières provenant de la mine de Leycett donnèrent encore les mêmes résultats.

Conclusion. Il résulterait de ces expériences que les poussières sont difficilement inflammables, puisqu'un seul expérimentateur a réussi à les faire brûler. Cela provient, comme nous le montrerons plus loin, que, parmi toutes les variétés de houille, quelques-unes seulement donnent des poussières inflammables.

(*) Enquête officielle sur l'accident de Seaham. 1881. — Rapport de M. le professeur Abel. *Annales des mines*, 7ᵉ s., t. XX, 1881.

§ 2.

Inflammation des poussières par un coup de mine.

Expériences de M. Vital (*). — Cet ingénieur entreprit, à la suite de l'accident de Campagnac relaté plus haut, des expériences de laboratoire pour vérifier l'inflammabilité des poussières de houille par un coup de mine. Il prit pour représenter la galerie de mine un tube en verre de 2 mètres de long et $0^m,035$ de diamètre, et pour représenter le coup de mine un chalumeau à gaz dont on pouvait à un moment donné lancer le dard suivant l'axe du tube.

La poussière de charbon employée fut recueillie dans la mine ; elle donnait à la calcination 35 p. 100 de matières volatiles et 25 p. 100 de cendres. Le charbon trié rendait 44 p. 100 de matières volatiles et 2 p. 100 de cendres. Les poussières expérimentées étaient donc mêlées d'une forte proportion de matière terreuse.

Pour faire l'expérience on étendait d'un bout à l'autre du tube une couche mince de poussière, puis on présentait pendant une seconde l'ouverture du tube au chalumeau à gaz. Une grande flamme rouge se produisait à l'intérieur sur une longueur plus ou moins considérable. Dans les conditions les plus favorables, cette flamme eut $1^m,80$ de long, mais elle ne sortit jamais du tube. La flamme du chalumeau était bleue, à peine visible, et son cône intérieur n'avait que 5 centimètres de longueur. Cette expérience montre qu'il y a eu combustion d'une quantité très notable de poussière, mais cette inflammation ne s'est pas propagée indéfiniment, bien qu'il y eût encore de la poussière non brûlée. Ce résultat est d'accord avec

(*) *Annales des mines*, 7ᵉ s., t. VII, 1875.
Industrie minérale, 1875, p. 175. — Mémoire de M. Vital.

ceux que nous a fournis la discussion des accidents de mine dus à une inflammation de poussière occasionnée par un coup de mine qui avait débourré.

Expériences faites par une commission de la Société de l'industrie minérale (*). — Une première série d'expériences fut faite dans l'appareil ordinaire servant à l'essai des lampes de sûreté. C'était un conduit en bois de $0^m,40$ de côté; un ventilateur placé à une extrémité, permettait d'y faire circuler un courant d'air; on jetait les poussières dans les ailes de ce ventilateur. L'inflammation était produite au moyen de cartouches de 50 gr. de poudre renfermées dans un bout de tuyau en plomb et placées sur le fond de la caisse. On reculait de plus en plus la cartouche jusqu'au moment où l'on ne voyait plus sortir la flamme. Une cartouche seule, sans poussière ni courant d'air, placée à 3 mètres de l'orifice, ne laissait plus sortir la flamme. Avec de la poussière et le courant d'air il fallait reculer la cartouche jusqu'à $6^m,50$ pour qu'on ne vît plus sortir la flamme.

La quantité de poussière enflammée a donc été extrêmement faible, sinon nulle. Si l'on remarque en effet que le volume de la flamme de 50 grammes de poudre devait remplir la caisse sur $1^m,50$ de longueur environ, on voit que les poussières de houille se trouvant en suspension dans cette flamme et qui ont nécessairement été portées à l'incandescence, ont pu, étant entraînées par le courant d'air, facilement produire à elles seules une flamme de $6^m,50$ de longueur. Les poussières employées dans ces expériences et dont la nature d'ailleurs n'est pas indiquée n'étaient donc vraisemblablement pas inflammables.

Une seconde série d'expériences fut faite dans une ga-

(*) *Industrie minérale*, 2ᵉ s., t. IV, 1875, p. 223. — Rapport de MM. Desbief et Chausselle.

lerie artificielle construite exprès pour cet usage. Elle était formée par des bois refendus de 2 mètres de long appuyés d'une part contre un mur, d'autre part contre le sol et formant ainsi une sorte de triangle rectangle de $1^m,50$ de côté. Un panneau mobile avait été ménagé au milieu de la longueur, de sorte que suivant qu'on mettait ce panneau ou qu'on l'enlevait on obtenait une galerie de 10 mètres ou deux galeries de 4 mètres. Un ventilateur débouchait au commencement de la première galerie dans laquelle on avait étendu une couche de poussière de 5 centimètres d'épaisseur; on jetait également des poussières dans les ailes du ventilateur. Le feu était mis au moyen de cartouches de 30 grammes de poudre renfermées soit dans du papier, soit dans un bout de tuyau de plomb maté aux deux extrémités. En opérant sur une galerie de 4 mètres et plaçant la cartouche à 2 mètres de distance de l'orifice, on vit sortir une grande flamme rouge. En répétant l'expérience avec la galerie de 10 mètres et plaçant la cartouche à 8 mètres de l'orifice on ne vit plus sortir la flamme. Un journal placé à 3 mètres en avant de la cartouche ne fut pas brûlé. Une cartouche seule sans poussière donnait une traînée de feu, nette et blanche comme celle qui sort d'un fusil. Il y eut donc dans ces expériences de la poussière brûlée, mais en quantité très faible puisqu'un journal ne fut pas brûlé à 3 mètres de la cartouche.

Expériences de MM. Hall et Clark (*). — MM. Hall et Clark ont entrepris des expériences spécialement en vue d'étudier l'effet des coups de mine qui débourrent. Des charges de poudre variées ont été enflammées dans un fort tube en fer de 60 centimètres de long et $6^m,3$ de diamètre au front de taille d'une galerie inclinée ou fendue

---

(*) *Industrie minérale*, 1878, 2ᵉ s., t. VII, p. 665. — Mémoire M. Galloway, traduit par M. Chansselle.

qui avait été poussée en partant du jour et voûtée en maçonnerie de briques sur 41 mètres de longueur. Cette galerie avait une inclinaison de 1/3. A 33 mètres de l'entrée se trouvait une galerie de niveau de $5^m,50$ de long poussée à partir de la fendue à angle droit jusqu'au fond d'un petit puits de $2^m,44$ de diamètre partant du jour. Ce puits était à droite en descendant. La section de la galerie inclinée était de $2^{mq},80$.

De légères pièces de tissus fins et aisément inflammables furent suspendues à intervalles de $4^m,57$ au moyen d'entretoises en bois depuis les deux tiers environ de la hauteur de la voûte, presque jusqu'au sol. Dans chaque entretoise, de petits trous de 25 millimètres de diamètre et 5o de profondeur étaient percés de façon à faire face au coup de mine et étaient remplis de poudre de chasse fine.

Des expériences préliminaires furent d'abord faites sans poussières avec des charges de poudre variant de 700 à 1.200 grammes. Sur cinq expériences une seule produisit l'inflammation des témoins situés à $4^m,57$ du front de taille et seulement de ceux-là; ce fut avec un coup de 900 gr. La flamme dépassa donc rarement $4^m,57$ et n'atteignit jamais 9 mètres. Les effets mécaniques de l'explosion de la poudre se firent sentir plus loin. Avec 1.200 grammes de poudre les deux premières entretoises portant les témoins à $4^m,57$ et 9 mètres furent renversés. Le souffle à l'orifice de la fendue était perceptible mais très faible. Avec 900 et 700 grammes les premières entretoises seules furent jetées à terre.

Les expériences furent alors reprises en bourrant les coups de mine avec des poussières de charbon et étendant de la poussière sur le sol de la fendue à partir du front de taille sur une longueur de 8 mètres.

Charge de poudre : 68o grammes. La toile et la poudre sont brûlées à $4^m,51$ et $9^m,14$, mais ne le sont pas à $13^m,72$. On sent un souffle très fort à l'orifice de la fendue.

Charge de poudre : 906 grammes. La toile et la poudre sont brûlées à 4^m,57, 9^m,14 et 13^m,72, mais elles ne le sont pas à 18^m,28. Il se produit un ouragan violent qui renverse les trois entretoises suivantes.

Charge de poudre : 1.133 grammes. La toile et la poudre sont entièrement brûlées à 4^m,57, 9^m,14, 13^m,72 et 18^m,28. Il se produit un ouragan très violent jusqu'à l'orifice de la fendue, c'est-à-dire à 41 mètres de distance, soulevant et transportant à 14 mètres un tuyau métallique pesant environ 23 kilog. et déplaçant une benne à charbon sur la plate-forme de l'orifice de la fendue, à 27 mètres de son orifice, soit à 68 mètres du coup de mine.

Une dernière expérience fut faite en répandant une quantité considérable de poussière de houille sur toute la longueur de la fendue. Le sol était très humide. On enflamma une charge de 1.133 grammes de poudre. La flamme sortit violemment par l'orifice de la fendue ayant ainsi parcouru 41 mètres. L'ouragan fut terrible et tout homme qui se serait trouvé sur son passage aurait été certainement tué ou blessé.

Ces expériences sont très intéressantes car elles reproduisent en grandeur naturelle des conditions qui peuvent se réaliser dans l'exploitation des mines. Elles montrent d'une façon très nette qu'il y a proportionnalité entre l'intensité d'une explosion de poussière et celle du coup de mine débourrant qui l'a occasionnée. Les charges de poudre et la longueur de flamme correspondantes dans ces expériences ont été :

$$
\begin{array}{cc}
700^{gr} & 9^m \\
900 & 14 \\
1.100 & 18
\end{array}
$$

Cettte proportionnalité semblait du reste déjà résulter de l'étude des accidents de mines, mais apparaissait moins nettement à cause des conditions variables dans lesq ceux-ci se sont produits.

Ces expériences démontrent donc la fausseté d'une théorie, assez séduisante au premier abord, qui, assimilant l'inflammation des poussières par un coup de mine à celle de la poudre par une amorce, admet que l'inflammation des poussières, une fois produite en un point, se propagerait ensuite indéfiniment. En réalité il n'en est rien et même, en se reportant aux chiffres précédents, on peut voir que l'inflammation des poussières ne doit guère se produire au delà de la zone traversée par la flamme du coup de mine. En effet, dans une des expériences faites à blanc, la flamme d'un coup de mine chargée de 900 grammes de poudre a atteint une longueur de $4^m,70$. La même expérience répétée avec des poussières a donné une flamme de 14 mètres, soit trois fois plus longue. Pour obtenir une longueur de flamme semblable, il suffit d'admettre que le mélange d'air et de poussière a été porté, sur une longueur de $4^m,70$ que traverse la flamme de la poudre, à une température de 500 degrés. Or, ce chiffre est bien inférieur à celui de la combustion du mélange d'air et de poussières.

Expériences de MM. Marreco et Morison (*). — Ces ingénieurs ont fait une série d'expériences pour étudier l'inflammation des poussières par de petits coups de canon destinés à simuler les coups de mines qui débourrent. L'appareil employé consistait en une longue caisse rectangulaire en bois fermée à une extrémité et ouverte à l'autre. Elle était divisée en deux dans le sens de sa longueur par une cloison médiane qui se terminait un peu avant le fond fermé de la boîte. Une des extémités de l'un des compartiments ainsi formé

(*) *North of England institute of mining Engineers*, 1879, p. 85. et *Annales des mines*, 7ᵉ s., t. XV, 1879, p. 374, extrait par M. Dombre.

sont à s'emboîter dans une conduite qui amenait dans la pas un courant d'air forcé dont la vitesse était réglée par une valve. L'extrémité de l'autre compartiment restait ouverte, pour laisser sortir cet air après qu'il avait contourné la cloison médiane. Deux canons, traversant la face postérieure de la boîte, étaient dirigés chacun suivant l'axe de l'un des compartiments.

L'allumage se faisait au moyen d'une explosion électrique qui permettait l'allumage simultané ou successif des deux coups. Des regards vitrés ménagés sur les faces latérales des compartiments permettaient de mesurer la longueur de la flamme. Les expériences ont été faites avec des vitesses du courant d'air comprises entre $1^m,50$ et 3^m; les charges de poudre employées n'ont pas été indiquées.

Le résultat principal de ces expériences a été que la combustibilité des poussières est très différente suivant leur nature. Avec quelques-unes d'entre elles la flamme est sortie de la caisse, c'est-à-dire qu'elle a eu plus de 5 mètres de longueur; avec d'autres, au contraire, la flamme n'a pas atteint la moitié de cette longueur. Les auteurs n'ont malheureusement donné aucun renseignement sur la composition des charbons qu'ils ont expérimentés; ils ont même tenu secrets les noms des houillères dont ils provenaient; ils n'ont indiqué que le nom du district.

Il semblerait résulter de ces expériences que si les poussières sont inégalement combustibles, elles le sont néanmoins toutes, car il y a toujours eu production de flamme. Mais pour interpréter ces résultats, il faut tenir compte de la vitesse avec laquelle l'air circulait dans la caisse, vitesse qui a varié de $1^m,50$ à 3 mètres. La longueur de la flamme dépend en grande partie de cette vitesse. Des particules de charbon rendues incandescentes par le contact de la poudre enflammée, ont pu être entraînées par le courant d'air et simuler une flamme.

Dans un certain nombre de cas il y a eu détonation et

même rupture de la caisse ; tandis que lorsqu'on enflamme les poussières avec une flamme on n'obtient jamais d'explosion. Ces résultats ne sont pas contradictoires. La flamme d'un petit canon ou d'un coup de mine qui débourre enflamme instantanément le mélange de poussière et d'air sur une grande étendue et provoque ainsi une explosion initiale qui n'est qu'une amplification de celle de la poudre et avec laquelle elle se confond. La combustion se propage ensuite lentement dans le reste de la masse en produisant simplement une flamme. Dans le cas où l'inflammation est produite par une lampe, la seconde période de la combustion se produit seule et il n'y a pas d'explosion.

Expériences de M. le professeur Abel (*). — Dans ses recherches relatives à l'accident de Seaham, M. Abel a cherché à obtenir l'inflammation des poussières par la combustion de petites masses de poudre ou de pyroxile. Les expériences ont été faites dans une caisse analogue à celles employées par la plupart des expérimentateurs ; des charges de 20 grammes de pyroxile ou de 26 grammes de poudre étaient placées sur le fond de cette caisse. Les poussières expérimentées provenaient des mines de Seaham et de Leycett ; elles donnent à la calcination de 13 à 22 p. 100 de matières volatiles. On mesurait la longueur de la flamme de la poudre d'abord seule, ensuite additionnée de poussière.

Les résultats ont été absolument négatifs : tantôt la poussière diminuait, tantôt elle augmentait la longueur de la flamme de la poudre ; mais toujours d'une quantité très faible. L'expérience la plus favorable fut obtenue avec des poussières de Leycett mises en suspension dans un courant

<hr>

Enquête officielle sur l'accident de Seaham 1881. — Rapport de M. le professeur Abel. *Annales des mines*, 7 s., t. XX, 1881. Traduction de M. Aguillon.

d'air animé d'une vitesse de 5 mètres par seconde. Une charge de 26 grammes de poudre de mine sans poussières avait donné une flamme de $4^m,5o$. Avec des poussières dans le courant d'air la longueur de la flamme fut de $7^m,6o$. Il est bien évident que cet allongement résulte en grande partie du transport par le courant d'air de particules de charbon portées à l'incandescence au contact de la flamme de la poudre. Les mêmes poussières expérimentées dans un courant d'air de $o^m,5o$ de vitesse par seconde ont au contraire diminué un peu la longueur de la flamme de la poudre.

Conclusions. — Les conclusions qui ressortent de ces expériences sur l'action des coups de mine, sont que, dans les travaux souterrains, les coups débourrants sont à peu près seuls efficaces pour provoquer l'inflammation des poussières ; c'est ce que nous avait déjà appris la discussion des accidents.

§ 3.

Inflammation des poussières par un coup de grisou local.

Expériences de M. Galloway (*). — M. Galloway a fait quelques expériences pour reproduire en petit l'action d'un coup de grisou sur des poussières de houille. Les expériences ont été faites pour la plupart avec un courant d'air provenant du retour d'air de la mine de Llwynipia qui renferme environ 2 p. 100 de grisou. Nous sommes obligés de donner à cette place le résumé de ces expériences qui ferait plus naturellement partie du chapitre traitant de l'inflammation des poussières, en présence d'une petite quantité de grisou, parce que M. Galloway ne donne aucun

---

(*) *Industrie minérale*, 2ᵉ s., t, IX, 1880, p. 157. — Mémoire de M. Galloway, traduit par M. Chansselle.

détail sur les expériences faites avec de l'air pur et se contente de dire que les résultats ont été beaucoup plus faibles qu'avec une petite quantité de gaz.

Les expériences ont été faites dans une galerie rectangulaire en bois de 0^m,35 de côté et de 24 mètres de longueur. L'une des extrémités pouvait être mise en communication soit avec le retour d'air de la mine, soit avec un petit ventilateur actionné par une turbine à vapeur. Près de cette extrémité était placé sur la galerie un cylindre en tôle vertical de 0^m,131 de capacité destiné à simuler une cloche au toit. On le remplissait d'un mélange explosif à 10 p. 100 de grisou que l'on allumait avec un exploseur électrique. Quand il n'y avait pas de poussière de houille dans la galerie la flamme du grisou atteignait dans sa partie visible une longueur de 2^m,50. En réalité, la longueur de la partie chaude, quoique invisible, de la flamme a dû être bien plus grande. La température de combustion du grisou dans l'air est, d'après nos expériences, de 2.000 degrés environ. En partant de ce chiffre pour calculer le volume de la flamme on trouve qu'elle devait remplir la galerie sur une longueur de 8 mètres.

Quand la galerie contenait des poussières répandues sur le sol et sur des boisages en planchettes et qu'elle était remplie avec l'air du puits de sortie, la flamme de l'explosion la parcourait sur toute sa longueur et sortait encore au dehors. En allongeant un peu la galerie, il arrivait que la flamme ne parcourait plus que la moitié ou les deux tiers de ce qu'elle avait parcouru primitivement.

Dans une autre expérience, avec une galerie étanche de 18 mètres de longueur, la flamme ne parcourut plus que 9 à 12 mètres. Les résultats étaient meilleurs quand les caisses en bois avaient des joints ouverts à la jonction des planches dont elles étaient formées.

En répétant ces expériences avec de l'air pur, on observa une grande différence dans la force de l'explosion ainsi que dans la distance que la flamme parcourait dans la galerie.

La conclusion la plus nette à tirer de ces expériences est que la combustion des poussières allumées par un coup de grisou ne se propage pas indéfiniment, ce qui est conforme aux résultats des expériences faites avec la poudre.

La longueur maxima de flamme obtenue paraît avoir été d'une trentaine de mètres ; pourtant la description des expériences est très sommaire, et l'on ne ne sait pas si la caisse avait sa longueur maxima de 24 mètres dans les expériences où la flamme est sortie. Mais dans presque toutes les expériences la flamme n'a pas dépassé 15 mètres, c'est-à-dire le double de la longueur que devait avoir la flamme du grisou. Il n'y aurait donc que les poussières en suspension dans la flamme même du gaz qui seraient intervenues dans le phénomène.

On peut chercher à comparer ces résultats avec ceux qu'on a obtenus dans les expériences sur les coups de mines. Mais il n'y a pas eu d'expériences faites, dans une galerie de section réduite, avec des charges de poudre comparables au volume de gaz. Un volume gazeux de $0^{mc},131$ correspond en effet à 500 grammes de poudre environ et les plus fortes charges employées dans ces expériences ont été de 50 grammes, c'est-à-dire dix fois moindres ; il aurait fallu, pour pouvoir comparer les résultats, employer 13 litres seulement du mélange gazeux. En essayant d'établir une proportion par le calcul et prenant pour point de départ les expériences de MM. Hall et Clark faites dans une galerie de $2^{mq},80$ de section, on trouve qu'il aurait fallu employer $3^{mc},25$ de mélange gazeux pour obtenir une flamme de grisou de la même longueur, donnant vraisemblablement par suite une flamme de poussière égale à celle des expériences, c'est-à-dire d'une trentaine de mètres. Ces $3^{mc},25$ correspondraient à 10 kilog. de poudre environ. Or, dans ces expériences, avec 1 kilog. de poudre,

on a déjà eu une flamme de poussière ayant bien plus de
5o mètres. Les coups de grisou paraîtraient donc beaucoup
moins efficaces que les coups de mine pour provoquer
l'inflammation des poussières.

III.

EXPÉRIENCES FAITES PAR LES AUTEURS DU PRÉSENT MÉMOIRE.

Il résulte très nettement, et de la discussion des accidents
et des expériences que tantôt les poussières sont combustibles, tantôt elles ne le sont pas, sans que la raison
de ces différences ressorte bien nettement des faits connus
jusqu'ici. Nous nous sommes proposé de préciser les conditions d'inflammabilité des poussières et d'étudier :

1° L'influence des dimensions de la flamme ;

2° L'influence de la vitesse du courant d'air ;

3° L'influence de la grosseur de la poussière ;

4° L'influence de la nature de la houille ;

5° L'influence de la proportion relative des poussières
et d'air ;

6° La vitesse de propagation de la flamme.

Ces expériences ont été faites dans l'un des deux appareils
suivants. Le premier de ces appareils, analogue à ceux
qu'employaient MM. Galloway, Morison, Abel, consiste en
un conduit en bois de 4 mètres de long, $0^m,15$ de large et
$0^m,40$ de haut. Une des extrémités est en communication
avec un ventilateur à bras qui peut donner une pression
de 5 centimètres d'eau. A 5o centimètres de cette extrémité est un registre se soulevant par le haut qui sert à
régler l'arrivée d'air ; on maintient toujours la vitesse du
ventilateur uniforme. A 25 centimètres au delà du registre
on a placé sur le sommet de la conduite une caisse en bois

dont le fond est percé de trous et qui sert à l'introduction de la poussière. Les remous produits par l'étranglement du courant d'air sous le registre favorisent la mise en suspension des poussières. Deux mètres plus loin est une fenêtre vitrée mobile permettant d'introduire une lampe et d'en surveiller la combustion. Enfin l'extrémité ouverte de la caisse est à 50 centimètres au delà. Quand les poussières expérimentées brûlent, elles donnent une grande flamme qui sort par cet orifice et en remplit toute la section.

Le deuxième appareil employé consiste simplement en une caisse en bois blanc, cubique, de 50 centimètres de côté, dont le couvercle a été enlevé. Au centre on place un bec de gaz dont l'orifice est tourné vers le bas pour éviter son encrassement, ou bien encore une boule de papier enflammé. Pour essayer la combustibilité des poussières, on en prenait une large poignée dans les deux mains réunies en forme de cuvette et on la laissait tomber rapidement en l'égrenant entre les doigts de façon à la diviser autant que possible. On se place à $1^m,50$ au moins au-dessus de la caisse. Dans ces conditions, les poussières tombent au fond de la caisse en colonne serrée en entraînant un volume d'air plus ou moins considérable. Cet air produit des remous dans la caisse qui maintiennent en suspension une quantité considérable de poussières fines. Elles s'enflamment alors au bec de gaz si elles sont combustibles et donnent une flamme qui peut s'élever à 1 mètre et plus de hauteur.

§ 1.

Influence du volume de la flamme.

Les sources de chaleur étudiées ont été :

La flamme normale d'une lampe Davy détamisée ;

La flamme de la même lampe après avoir monté la

mèche de façon à avoir une flamme de 5 centimètres de hauteur;

Un large bec de gaz;

Une grosse boule de papier enflammée.

Ces expériences ont été faites dans le premier appareil où les poussières sont maintenues en suspension dans un courant d'air.

Des poussières extrêmement fines obtenues en broyant du charbon de Blanzy avec les meules à charbon employées dans la fabrication de la poudre, et que nous devons à l'obligeance de M. le baron Thénard, se sont enflammées instantanément en arrivant sur les trois dernières sources de chaleur. Avec la flamme normale de la lampe Davy il s'est d'abord produit dans la masse quelques flammèches isolées, puis le tout s'est enflammé, l'ensemble de ces phénomènes successifs n'ayant pas duré plus de deux secondes.

Des poussières de Blanzy recueillies dans les boisages des galeries, très fines, mais moins que les précédentes, se sont enflammées immédiatement avec le bec de gaz et la boule de papier; au bout de quelques secondes seulement avec la lampe Davy ayant sa mèche montée. Mais avec la mèche basse l'inflammation ne se produisit qu'au bout d'un temps assez long, ou souvent ne se produisit pas du tout; il se formait seulement des langues de feu qui partaient de la lampe, s'allongeaient jusqu'à 20 centimètres environ, puis s'éteignaient et étaient remplacées par de nouvelles.

Des poussières très grossières ramassées à la pelle dans l'usine à gaz de la Villette se sont enflammées au bout de quelques secondes avec le bec de gaz et la boule de papier, ne se sont enflammées que rarement avec la lampe Davy ayant sa mèche montée, et jamais avec la lampe dans son état normal.

Des poussières recueillies sur les boisages dans les mines d'Anzin ne se sont jamais enflammées.

Il résulte de ces expériences qu'un mélange inflammable

de poussière et d'air exige pour s'allumer une flamme ayant au moins un certain volume minimum, ce minimum variant avec la nature des poussières. Il en est de même pour les mélanges gazeux inflammables qui exigent pour s'allumer une étincelle électrique ayant au moins un certain volume minimum, ce minimum variant avec la nature du mélange. La seule différence est que dans les gaz le volume minimum est une fraction de millimètre cube, tandis que pour les poussières il est de quelques centimètres cubes. En faisant croître le volume de la flamme à partir de ce minimum, on augmente la rapidité de l'inflammation; pour un certain volume, l'inflammation devient à peu près instantanée et l'on ne gagne plus rien en accroissant encore les dimensions de la flamme. Ce volume maximum nous a paru, pour toutes les poussières que nous avons essayées, inférieur à un décimètre cube. Une boule de papier enflammée serait donc suffisante pour décider dans tous les cas de l'inflammabilité ou de la non-inflammabilité des poussières.

§ 2.

Influence de la grosseur de la poussière.

On a comparé la houille de Blanzy, broyée par les meules à charbon des poudreries, avec les poussières de la même houille recueillies sur les boisages dans la mine; enfin des poussières grossières ramassées sur le sol de l'usine à gaz de la Villette, dans lesquelles il y avait des grains de plusieurs millimètres de côté. Ces poussières ont été d'autant plus inflammables qu'elles étaient plus fines; il fallait pour les allumer, comme nous l'avons dit plus haut, des flammes de moins en moins volumineuses. La grosseur des grains joue donc un certain rôle dans l'inflammabilité des poussières, mais il est secondaire puisque, en somme, des poussières de houille identiques ont été toutes trouvées inflamma-

bles, quelle que soit leur grosseur. Ce résultat, qui *a prior*
peut sembler peu vraisemblable, s'explique par ce fait que
le courant d'air produit une certaine séparation mécanique
et ne conserve en suspension que les poussières les plus
fines. Des poussières fort différentes au moment où on les
introduit dans l'appareil finissent par se ressembler beaucoup lorsqu'elles arrivent sur la flamme de la lampe. Les
parties les plus grosses se sont déposées sur le sol de la
caisse, les plus fines seules ont été entraînées par le courant d'air. Le résultat, bien entendu, serait tout différent
si au lieu de prendre des poussières tout venant on prenait
des poussières de grosseur uniforme préparées par un ta-
misage préalable. L'augmentation de la grosseur des grains
produirait bientôt sans doute la non-inflammabilité de leur
mélange avec l'air.

<h2 style="text-align:center">§ 3.</h2>

Influence de la vitesse du courant d'air.

Nous avons reconnu que la vitesse du courant d'air dans
lequel les poussières étaient maintenues en suspension
avait une influence notable sur leur degré d'inflammabilité. Des poussières de Blanzy recueillies sur les boisages
ont cessé d'être inflammables, avec la lampe Davy ayant sa
mèche montée, pour des vitesses inférieures à 1 mètre ou
supérieures à 4 mètres. La cause de ces faits paraît être
qu'aux vitesses faibles les poussières ont le temps de se
déposer entre la trémie et la lampe et qu'il n'en reste plus
assez en suspension; aux grandes vitesses, les particules
de charbon traversent trop rapidement la flamme pour
avoir le temps de s'y allumer.

§ 4.

Influence de la nature de la houille.

Les expériences diverses faites en France et en Angleterre ont montré d'une façon bien nette que certaines houilles donnent des poussières inflammables, d'autres au contraire des poussières non inflammables, et la plupart des auteurs admettent, mais sans donner aucun fait précis à l'appui, que les poussières les plus inflammables sont celles provenant des houilles les plus gazeuses. Nous avons fait quelques expériences pour vérifier cette hypothèse qui paraît en effet très vraisemblable. Nous avons employé soit l'appareil à courant d'air soit la caisse cubique. Nous nous sommes assurés préalablement que toutes les poussières inflammables dans l'un des appareils l'étaient dans l'autre et réciproquement.

Nous avons trouvé en rangeant les houilles d'après leur degré approximatif d'inflammabilité croissante les résultats suivants :

Poussières non inflammables.

		Mat. volatiles.
Mine d'Anzin. — Fosse Hérin.		19,5
Id. — id. très grisouteux. .		24,6
Id. — Haveluy, non grisouteux		19
Id. —		18

Poussières inflammables.

Mines de Commentry. — Puits Forest.		32 o/o
Id. — Puits Ste-Aline		35 o/o
Mines de Blanzy.		39 o/o
Lignites de Bohême.		50 o/o

Il résulte donc bien nettement de ces expériences que pour qu'une houille produise des poussières inflammables il faut qu'elle donne à la calcination au moins 30 p. 00 de matières volatiles, et plus cette proportion est grande, plus l'inflammabilité aussi est grande. Les lignites donnent de beaucoup les poussières les plus combustibles.

On peut s'étonner *a priori* que des poussières de houille puissent être incombustibles, mais il ne faut pas se méprendre sur le sens de ce mot; il veut simplement dire que, dans le cas particulier considéré, celui de poussières maintenues en suspension dans l'air, l'inflammation communiquée en un point peut ne pas se propager dans toute la masse. Cette propagation de la flamme est en effet une fonction très complexe des températures de combustion, d'inflammation, de distillation, etc. On conçoit que cette fonction puisse s'annuler dans certains cas et que le mélange ne brûle pas, tandis que dans des circonstances différentes, il brûlera plus ou moins aisément. C'est par une raison analogue que le grisou, gaz combustible, cesse de brûler quand il est mêlé à un excès d'air suffisant, pour redevenir combustible si l'on élève au préalable de quelques centaines de degrés la température du mélange. Toutes les poussières de houille sont certainement combustibles dans des conditions convenables, mais un certain nombre d'entre elles ne le sont pas dans les conditions particulières que nous avons en vue ici.

Il pourrait d'ailleurs se faire que la proportion de matières volatiles ne fût pas la cause immédiate de l'inflammabilité; les houilles les plus riches en matières volatiles sont aussi les plus oxygénées et l'on sait qu'en général les corps oxygénés sont plus inflammables que les corps non oxygénés. Le bois est plus facilement inflammable que la houille; les vapeurs d'alcool que les vapeurs de pétrole, etc. Enfin, la température à laquelle commence la distillation des matières volatiles doit jouer aussi un certain rôle dans la combustibilité des poussières.

§ 5.

Influence des proportions relatives de poussières et d'air.

Nous avons vérifié ce qui avait déjà été reconnu par M. Galloway que la proportion de poussières doit être extrêmement considérable pour donner un mélange combustible; il faut que les poussières forment un nuage assez épais pour intercepter complètement, en plein jour, sous une épaisseur de 5o centimètres la lumière d'une lampe placée dans l'appareil à expérience. Nous n'avons pu faire de mesures plus précises faute de procédé convenable, les poussières se déposant avec une trop grande rapidité. M. Galloway a indiqué comme proportion la plus convenable 1 kilog. de poussières pour 1 mètre cube d'air ; ce chiffre ne nous paraît nullement exagéré.

M. Berthelot a montré pourquoi cet excès considérable de poussière était nécessaire. Le mélange contenant juste la quantité de charbon qui pourrait être brûlée complètement par l'air n'est pas le plus combustible, comme cela arrive pour les mélanges gazeux, parce qu'il n'y a que la couche superficielle des grains qui prend part à la combustion. Il résulte de cette explication que plus la poussière est fine, moins il en faut pour produire un mélange combustible.

Ces quantités considérables de poussières ne peuvent être mises et ensuite retenues en suspension que par une agitation assez violente de l'air. La densité du mélange le plus combustible est presque double de celle de l'air pur, la force qui tend à supprimer l'air du mélange est donc relativement considérable. Aussi le dépôt de la poussière se fait-il très rapidement après la disparition de la cause d'agitation de l'air.

Nous avons reconnu par exemple dans notre caiss
qu'avec une vitesse de 1 mètre par seconde l'air n'étai
plus chargé d'une quantité suffisante de poussières pou
s'enflammer sur une lampe; l'air avait mis au plus deux
secondes à parcourir la distance qui sépare la trémie de
la lampe; la hauteur de la caisse était de 40 centimètres;
on voit ainsi qu'en une seconde une tranche d'air de
20 centimètres laisse déposer assez de poussières pour
que le mélange cesse d'être combustible.

§ 6.

Vitesse de propagation de la flamme.

Nous avons cherché à mesurer la vitesse de propagation
de la flamme dans des mélanges d'air et de poussières,
comme nous l'avions fait pour les mélanges gazeux. Mais
nous n'avons jamais trouvé de vitesse appréciable dans un
mélange peu agité; cette vitesse, si elle existe, est certainement inférieure à 1 centimètre. Elle est infiniment plus
faible que celle du mélange d'air et de lycopode pour lequel
nous avons trouvé environ 10 centimètres par seconde. La
propagation de la flamme paraît se faire uniquement par
les mouvements intérieurs qui mélangent les parties enflammées avec celles qui ne le sont pas encore et nullement par
conductibilité ou rayonnement.

Lorsque le mélange d'air et de poussières est agité par
des mouvements internes considérables, la vitesse de propagation reste toujours très faible et inférieure à 1 mètre;
aussi est-il impossible, au moins dans le laboratoire, d'obtenir des explosions proprement dites avec les poussières. Au contraire, les mélanges d'air et de grisou
animés de mouvements internes donnent des vitesses
de propagation pouvant aller jusqu'à une centaine de
mètres.

Une expérience très simple met bien en évidence cette différence du gaz et des poussières. En enflammant un mélange d'air et de poussière dans notre longue caisse à expérience en son point milieu nous avons entendu à peine un léger souffle. Une feuille de papier qui fermait une ouverture pratiquée sur l'une des parois n'a pas crevé et s'est à peine gonflée. Un mélange d'air et de gaz enflammé dans les mêmes conditions a produit au contraire une violente explosion ; la caisse, bien qu'ouverte à une extrémité, a été complètement brisée.

Les mélanges de poussières et d'air doivent, comme les mélanges gazeux s'éteindre par une agitation trop violente mais nous n'avons pu le constater expérimentalement.

CHAPITRE II.

MÉLANGES DE POUSSIÈRES ET D'AIR AVEC DE L'AIR TENANT UNE QUANTITÉ DE GRISOU INSUFFISANTE POUR FORMER UN MÉLANGE EXPLOSIBLE.

Il est assez naturel de supposer que des poussières non combustibles le peuvent devenir en présence d'une petite quantité de gaz qui à elle seule aurait été insuffisante pour former un mélange explosible. M. Galloway a émis cette idée le premier et l'a appuyée par des expériences multipliées ainsi que par l'étude d'un grand nombre d'accidents.

La démonstration de la proposition formulée par M. Galloway comprend deux parties bien distinctes :

1° Des mélanges de poussières et d'air tenant un peu de grisou sont combustibles ;

2° Les mêmes mélanges de poussières et d'air sans grisou ne sont pas combustibles.

Cette distinction est importante à faire, car M. Galloway considérant comme certain que les poussières seules ne sont pas combustibles, ne s'est guère attaché qu'à démontrer qu'elles le sont en présence d'un peu de grisou.

———

I.

ACCIDENTS DE MINES.

On peut citer ici à peu près tous les accidents que nous avons discutés à propos des poussières seules. La lampe en effet ne permet pas de connaître une proportion de grisou inférieure à 3 p. 100. Lorsqu'on dit qu'il n'y a pas de gaz, cela veut donc simplement dire en général qu'il y en a moins de 3 p. 100, et si l'on remarque que la plupart des accidents attribués aux poussières sont arrivés dans des mines très grisouteuses, on peut conclure que très vraisemblablement il y avait un peu de grisou dans l'air au moment de l'accident. A la mine de Fowler, en particulier, M. Galloway put démontrer d'une façon certaine la présence du gaz au lieu de l'accident. La lampe ne marquait pas dans les conditions normales; mais elle marqua lorsqu'on réduisit considérablement la ventilation; il y avait donc normalement du gaz, mais en proportion inférieure à 3 p. 100.

Dans l'impossibilité où l'on est, pour la plupart des accidents de savoir si le grisou était ou non entièrement absent, nous avons préféré les laisser tous groupés ensemble, au lieu de faire une séparation qui eût été nécessairement arbitraire. En fait, tous les accidents survenus en Angleterre et que nous avons discutés plus haut ont été cités par M. Galloway comme preuves de la combustibilité des mélanges de poussières avec de l'air tenant un peu de grisou.

Il faut donc répéter ici les conclusions formulées dans

la première partie de ce travail. Les poussières en pr
sence d'un peu de gaz sont combustibles, et ont occasion
des accidents, mais toujours d'une étendue très limité
Rien ne prouve d'ailleurs que les poussières seules n'a
raient pas produit le même effet en l'absence du gaz, car
est bien certain, comme nos expériences l'ont démontr
que, mêlées à de l'air pur, elles peuvent donner d
mélanges combustibles. La discussion de ces accidents
peut donc prouver en aucune façon que la petite pr
portion de gaz contenue dans l'air ait joué un rôle que
conque.

II.

EXPÉRIENCES FAITES PAR DIVERS AUTEURS.

Expériences de M. Galloway. — M. Galloway a fait deu
séries d'expériences pour démontrer que la présence d'un
petite quantité de gaz rend combustibles des poussières qu
ne le sont pas lorsqu'on les mélange avec de l'air pur.

L'appareil employé se composait d'une caisse horizontal
de 5 mètres de longueur dont la section intérieure avai
$0^m,305$ sur $0^m,152$; il était relié à la galerie d'un ventila
teur aspirant au moyen d'un conduit vertical de même sec
tion que la caisse. Des registres permettaient de régler l
courant d'air. Le tube qui amenait le grisou débouchai
dans la caisse près de son extrémité ouverte; c'est par cett
extrémité située en avant de la trémie à charbon qu'entrai
l'air. Une première série d'expériences faites avec de
poussières seules ne donna jamais d'inflammation. Le
poussières expérimentées provenaient de houilles à coke e
de houilles à vapeur dont nous avons donné la composition
plus haut (*). L'air fut chargé selon les cas de proportion

______

(*) Voir page 43.

de poussières très variées, depuis un nuage clair à peine visible, jusqu'à un nuage si épais qu'il éteignait la flamme de la lampe. Dans ces conditions, la flamme de la lampe à feu nu parut s'allonger un peu, mais dans aucun cas le mélange ne prit feu. C'est à la suite de ces expériences que M. Galloway formula la conclusion suivante qu'il admit ensuite sans réserve : « Un mélange d'air et de poussières de houille n'est pas inflammable à la pression et à la température ordinaires. »

Nous avons montré plus haut que cette conclusion est beaucoup trop absolue. Si certaines poussières de houille ne sont pas inflammables, d'autres au contraire le sont. Si des poussières sont inflammables dans certaines conditions de vitesse du courant d'air, elles ne le seront pas dans des conditions différentes, etc. Cette première expérience n'est donc pas concluante, car en variant les conditions, les résultats auraient peut-être été différents.

Une seconde série d'expériences fut faite ensuite avec une petite quantité de grisou. On commença par mettre une lampe de sûreté dans l'appareil et l'on régla la quantité du grisou, de façon qu'elle marquât légèrement. On remplaça alors la lampe de sûreté par une lampe à feu nu et l'on introduisit de la poussière par la trémie. Aussitôt que le nuage de poussière vint toucher la flamme, une explosion eut lieu et la caisse se remplit d'une flamme rouge qui continua à brûler aussi longtemps qu'on admit des poussières par la trémie.

Cette expérience prête à quelques critiques. Rien ne prouve qu'au moment de l'introduction de la poussière les proportions relatives de grisou et d'air n'ont pas été changées. La densité du mélange se trouve doublée par l'adjonction des poussières ; la dépression motrice qui entraîne le courant d'air produira donc nécessairement une vitesse moindre sur un mélange de densité plus grande. Le débit du jet de grisou d'autre part ne varie pas, puisqu'il se dégage en avant de la trémie à charbon en un point où la pression, qui est celle de l'atmosphère, reste constante pendant la durée des expériences. Les proportions de grisou et d'air sont donc certainement altérées. Il faut ajouter qu'il n'est pas bien sûr que le mélange de l'air et du grisou fût parfaitement intime.

M. Galloway s'est rendu compte des reproches que l'on pouvait faire à ce mode d'expérimentation; aussi a-t-il repris une seconde série d'expériences avec un appareil un peu différent du premier. Le nouvel appareil consiste en une longue caisse en bois ayant deux fenêtres vitrées de part et d'autre de la trémie au lieu d'une seule. Le courant d'air est produit au moyen d'un petit ventilateur actionné par une turbine à vapeur. Le tuyau amenant le grisou débouche dans une des ouïes du ventilateur, ce qui assure son mélange intime avec l'air. Voici la description textuelle de l'expérience donnée par M. Galloway : « Le ventilateur ayant été mis en mouvement, un courant d'air et de grisou traverse l'appareil dans le sens de la flèche. Une lampe de sûreté est alors placée dans la caisse en face de la fenêtre B (celle qui précède la trémie) et la vitesse du courant est accrue en ouvrant les registres jusqu'à ce que la flamme ne marque plus. Après cela on retire la lampe de sûreté et on lui substitue deux lampes à feu nu, une placée en face de chaque fenêtre et par la trémie on donne de la poussière de charbon. Aussitôt que le nuage atteint la flamme placée en D (celle qui suit la trémie), il prend feu ou bien il fait explosion dans une direction contraire à celle du courant ou il remplit la caisse d'une flamme rouge depuis D jusqu'à l'extrémité du courant, suivant la proportion du grisou que contient le mélange.

« Pendant ce temps la flamme placée en B continue à brûler exactement comme auparavant sans donner aucune indication de la présence du grisou. »

Il est assez difficile de discuter ces expériences sur une

description aussi sommaire. Ni la vitesse du courant d'air
ni la nature de la houille employée ne sont indiquées ; il
n'a pas été fait d'expériences sans grisou pour montrer que
le mélange d'air et de poussières n'était pas inflammable
dans les conditions de l'expérience. Enfin la critique adres-
sée aux premières expériences s'applique à plus forte
raison à celles-ci. L'addition des poussières dans le courant d'air devait diminuer considérablement sa vitesse, car
la pression motrice du petit ventilateur était vraisemblablement assez faible. Il est vrai qu'une lampe témoin placée
en avant de la trémie aurait continué à brûler comme
auparavant pendant la durée de l'expérience. Cela est
pourtant difficile à admettre dans le cas où le mélange
« a fait explosion dans une direction opposée à celle du
courant d'air ». Elle a dû alors s'éteindre au moins momentanément, et qu'est-ce qui prouverait que ce n'est pas
à elle que s'est allumé le mélange gazeux devenu combustible ?

Ces expériences laissent donc encore comme les précédentes subsister des incertitudes, que nous avons peut-être
un peu exagérées pour les faire mieux saisir. Quoi qu'il
en soit, deux points nous paraissent rester douteux. Les
poussières n'étaient-elles pas combustibles à elles seules ?
Leur addition dans le courant d'air n'en réduisait-elle pas
assez la vitesse pour rendre le mélange gazeux explosible ?

M. Galloway a complété ces expériences en cherchant à
déterminer la proportion minimum de grisou nécessaire
pour provoquer l'inflammation des poussières. Il employa
le même appareil que précédemment ; il laissait le débit du
grisou constant et faisait varier la vitesse du courant d'air
pour faire varier la proportion de gaz dans le mélange. Il
reconnut que pour une vitesse d'air de $0^m,762$ par seconde
le mélange commençait à devenir explosif sans poussières,
c'est-à-dire renfermait environ 6,5 p. 100 de grisou. En
augmentant progressivement la vitesse et ajoutant des

poussières, le mélange ne cessa d'être explosif que pour une vitesse de 5m,385. A cette vitesse la proportion de grisou ne devait plus être que de 0,892 p. 100.

Mais si l'on se reporte aux expériences que nous avons faites, qui sont résumées plus haut, on verra que les poussières combustibles ont cessé de s'allumer à une flamme de lampe pour des vitesses d'environ 4 mètres, soit que les particules de poussières traversant trop rapidement la flamme n'aient pas le temps de s'y allumer, soit qu'une agitation trop violente du mélange d'air et de poussières provoque l'extinction de la flamme comme cela a lieu pour les mélanges gazeux. Il est donc possible que dans les expériences de M. Galloway l'incombustibité du mélange soit due non pas à la trop faible proportion de grisou, mais à la trop grande vitesse du courant d'air.

Expériences de M. le professur Abel. — Le savant chimiste de Woolwich a fait tout récemment des expériences analogues à celles de M. Galloway, avec des poussières des mines de Seaham et de quelques autres mines où de grands accidents ont eu lieu. Les appareils d'expérimentation étaient établis aux mines de Garswood Hall, à Brynn, près Wigan, où il existe un soufflard de grisou capté dans des conditions semblables à celles qu'a utilisées M. Galloway. Le grisou de cette mine passe pour être particulièrement dangereux ; il est considéré par les mineurs comme étant différent du grisou ordinaire. Ils l'appellent « quick », « sharp », « silver-gaz », etc. Les nombreuses analyses de grisou faites en Angleterre ont toujours donné pour tous les grisous une composition se rapprochant de celle du formène ; on aurait donc été très tenté de révoquer en doute l'existence de ce grisou sharp et de la reléguer au nombre des légendes fantastiques. Mais, d'après les expériences de M. Abel, ce grisou semblerait jouir de propriétés fort surprenantes. La limite d'inflammabilité infé-

rieure correspondrait à des mélanges tenant seulement 3 à
4 p. 100 de gaz, et les mélanges inférieurs non inflammables ne donneraient pas d'auréole sur les flammes des
lampes. Or tous les expérimentateurs qui ont étudié les
propriétés du grisou depuis sir Humphry Davy, et à com-
mencer par lui, ont trouvé que la limite inférieure d'inflammabilité de ce gaz est comprise entre 6 et 7 p. 100. Un gaz
qui donne à 3 p. 100 des mélanges combustibles devrait donc
être un carbure plus condensé que le formène, mais alors
les mélanges inférieurs devraient encore donner une auréole très nette. L'expérience montre, en effet, que l'es-
sence de pétrole, la benzine donnent de très belles au-
réoles. Si on veut, au contraire, déduire la composition de
ce gaz de l'absence d'auréole, on serait amené à le considérer comme un gaz très peu carburé, un mélange de formène et d'hydrogène. Mais alors sa limite inférieure d'inflammabilité serait plus élevée, elle devrait se rapprocher
de 10 p. 100, qui est celle de l'hydrogène pur.

La détermination de cette limite inférieure d'inflammabilité fut faite par M. Abel dans l'appareil à expérimenter
les poussières. L'entraînement de l'air se faisait au moyen
d'un jet de vapeur et des précautions minutieuses avaient été
prises pour assurer le mélange intime du grisou et de l'air
et mesurer leurs volumes respectifs. Les nombres trouvés ont
varié de 3 à 4 p. 100 suivant la rapidité du courant. Ces divergences semblent bien indiquer, malgré les précautions
prises, l'imperfection du mélange des deux gaz. Il est, d'ailleurs, extrêmement difficile de mêler intimement deux gaz
dans un espace de temps ne dépassant pas une fraction de seconde et il est à peu près impossible de vérifier expérimentalement la perfection de ce mélange (*).

_____

(*) Il est bien à désirer que l'on fasse l'analyse chimique du gaz
expérimenté par M. Abel, qui jouit de propriétés très singulières
et que nous serions tentés de regarder comme inconciliables entre
elles.

Les expériences sur les poussières furent faites en général avec une vitesse de 3 mètres par seconde. Les poussières de la mine de Seaham, qui furent le plus spécialement expérimentées, donnaient à la distillation 20 p. 100 de matières volatiles au maximum.

Parmi les différents échantillons de ces poussières, ceux qui étaient les moins chargés de poussières étrangères donnèrent, la vitesse du courant d'air étant de 3 mètres par seconde, un mélange combustible avec 2,5 p. 100 de gaz. D'autres échantillons donnant 30 à 35 p. 100 de cendres, ne s'enflammèrent qu'avec 3 p. 100 de gaz. On avait trouvé que, en l'absence des poussières, l'air tenant 3,5 p. 100 de gaz était toujours très combustible et que l'air tenant 3 p. 100 l'était quelquefois ; la limite de combustibilité du gaz pouvait donc être fixée à 3,25 p. 100 environ.

Il résulte donc de ces expériences que, parmi les poussières de Seaham, les plus pures et les plus sensibles exigent, pour devenir combustibles, une addition de gaz égale aux trois quarts au moins de celle qui, en l'absence des poussières, donne avec l'air seul un mélange combustible.

Avec des poussières provenant des mines de Leycett et ayant une composition chimique peu différente de celle des poussières de Seaham, on a obtenu, la vitesse du courant d'air étant encore de 3 mètres par seconde, des mélanges combustibles avec une addition de 2 p. 100 de gaz seulement. Cette addition représente les 62 centièmes de celle qui donne, avec l'air seul, un mélange détonant.

Enfin, dans quelques expériences faites en donnant à l'air une vitesse très faible, égale à 0^m,50 par seconde, on a trouvé que 1,5 p. 100 de gaz seulement suffisait à rendre combustibles les poussières de Leycett. Cette proportion est les 43 centièmes de celle qui, mélangée à l'air seul, le rend détonant.

Les critiques que nous avons adressées aux expériences de M. Galloway paraissent pouvoir s'appliquer aussi à celles de M. Abel. Aucune précaution ne semble avoir été prise pour empêcher que la mise en suspension des poussières dans la masse gazeuse ne diminue l'arrivée de l'air; s'il en est ainsi, la proportion relative du gaz et de l'air variait donc certainement après l'addition des poussières. En l'absence de tout détail sur les procédés d'expérimentation, il est d'ailleurs difficile de discuter les résultats avec précision. Toutefois nous remarquerons que notre critique semble appuyée par ce fait qu'on a trouvé qu'en diminuant la vitesse de l'air, on diminuait en même temps la quantité de gaz nécessaire pour amener l'inflammation des poussières. Ce résultat, qu'il serait difficile d'expliquer autrement, se comprend au contraire très bien lorsqu'on remarque qu'avec une faible vitesse de l'air l'influence retardatrice que les poussières exercent sur celle-ci doit être beaucoup plus grande et que l'addition de celles-ci doit par conséquent accroître très notablement la proportion de grisou contenue dans le courant gazeux.

Quoi qu'il en soit de nos critiques, on voit que les expériences de M. Abel réduisent considérablement le rôle que, d'après M. Galloway, les poussières peuvent jouer dans la combustion du grisou. En effet, tandis que M. Galloway avait trouvé que des poussières, incombustibles par elles-mêmes, peuvent brûler dans un air tenant seulement le septième de la quantité de grisou nécessaire pour former avec l'air seul un mélange détonant, M. Abel a trouvé que, pour produire cet effet, il fallait une proportion de grisou égale aux 43 centièmes de la même quantité. Si l'on élimine, comme au moins douteuses pour les raisons que nous avons déjà dites, les expériences faites avec un courant d'air très lent, cette proportion monterait même aux 62 centièmes.

Dans le cours de ses expériences, M. Abel remarqua que certaines poussières extrêmement terreuses donnaient, au point de vue de l'inflammabilité dans un mélange grisou-

teux d'aussi bons résultats que des poussières de houille
pure. Il eut l'idée d'essayer des poussières complètement incombustibles, telles que la magnésie calcinée, le
kaolin, et il reconnut avec étonnement que ces matières
pouvaient provoquer l'inflammation de mélanges tenant
seulement 2,75 p. 100 de gaz. Toutes les poussières légères
et poreuses lui donnèrent des résultats analogues. Ici, comme
pour les poussières de charbon, on pouvait se demander
si l'introduction des poussières ne diminuait pas le débit de
l'air. Toutefois on verra plus loin qu'on peut très aisément
vérifier l'exactitude du fait singulier observé par M. Abel.

III.

EXPÉRIENCES FAITES PAR LES AUTEURS DU MÉMOIRE.

L'appareil employé pour nos expériences est un long conduit rectangulaire en bois de 0^m,40 de hauteur sur 0^m,15
de largeur. L'air est lancé par un ventilateur à bras débou-
chant à l'une des extrémités. La caisse porte près de cette
extrémité un registre, s'ouvrant de bas en haut, qui sert
à régler la vitesse du courant d'air. Immédiatement derrière ce registre le gaz vient déboucher par une fente
étroite traversant le fond de la caisse sur toute sa largeur.
Le brassage des deux gaz est assuré autant qu'il peut
l'être par la direction rectangulaire des deux courants et
par les remous qui se produisent à la suite de l'étranglement sous le registre. Un peu plus loin une caisse, dont le
fond percé de trous a la largeur du conduit principal, sert
à l'introduction des poussières. Cette disposition nous a
semblé préférable à la trémie conique, pour obtenir une
répartition égale des poussières dans toute la section du
courant d'air. A 2 mètres de la caisse à charbon se trouve
une fenêtre vitrée et mobile, derrière laquelle on met la

lampe. Enfin, 60 centimètres après cette fenêtre, se trouve l'extrémité ouverte de la caisse.

N'ayant à notre disposition aucun soufflard de grisou, nous avons dû recourir au gaz d'éclairage. Les mélanges qu'ils donnent avec l'air diffèrent de ceux que donne le grisou en ce que leur température d'inflammation est plus faible et leur vitesse de propagation plus grande. La seule conclusion que l'on puisse tirer de nos expériences est donc qu'avec le grisou on aurait eu des résultats moindres, l'inflammabilité et la force d'explosion étant plus faibles. Nous n'avons pris aucune précaution spéciale pour annuler l'influence des poussières sur le débit de l'air et du gaz. Le ventilateur donnait au maximum une pression de 4 centimètres d'eau ; la pression du gaz au manomètre était de 9 centimètres ; l'introduction des poussières devait donc diminuer la quantité d'air et le mélange devait s'enrichir en gaz. Si nous avions obtenu des résultats positifs, nos expériences mériteraient par conséquent le même reproche que celles de MM. Galloway et Abel. Mais nos résultats ayant toujours été négatifs, cette cause d'erreur ne peut avoir joué aucun rôle dans nos expériences.

La vitesse du courant d'air a varié de 2 à 4 mètres. Les poussières expérimentées ont été d'une part des poussières non inflammables en l'absence du gaz et provenant des mines d'Anzin ; d'autre part, des poussières inflammables provenant des mines de Blanzy et qui avaient été recueillies sur les chapeaux des boisages. Un autre échantillon de poussières de Blanzy avait aussi été préparé, comme il a été dit plus haut, dans les tonnes à charbon employées pour la fabrication de la poudre.

Les charbons non inflammables seuls sont restés ininflammables en présence du gaz d'éclairage. Nous n'avons jamais rien obtenu tant que la proportion du gaz n'a pas été suffisante pour donner un mélange combustible sans poussières de charbon. Les sources de chaleur employées ont été une flamme de lampe Davy fortement étalée, un bec de gaz, une grosse boule de papier enflammé. Les proportions de poussières ont varié depuis un nuage à peine perceptible jusqu'à un nuage assez épais pour éteindre la lampe. Les expériences, au nombre de cinquante environ, ont toujours donné le même résultat.

Avec les poussières inflammables à elles seules, nous avions d'abord cru ne trouver aucune différence dans leur combustion en présence de petites quantités de gaz. Mais en répétant souvent ces expériences et observant le phénomène avec beaucoup de soin, nous avons reconnu que la présence du gaz facilitait un peu l'inflammation. C'est ainsi que les poussières de charbon de Blanzy mêlées à l'air pur donnent en arrivant sur la flamme d'une lampe Davy de dimension ordinaire deux ou trois flammèches qui voltigent dans la masse, puis l'inflammation se répand dans tout le mélange ; cette période d'inflammation ne dépasse d'ailleurs pas une seconde. Avec une proportion de gaz d'éclairage qui correspondrait à environ 4 p. 100 de grisou, ce mélange s'est enflammé au contraire immédiatement dans toute la masse ; les premières flammèches s'étant élargies indéfiniment. La période d'inflammation a duré un quart de seconde. Il y a donc eu dans ce cas un effet produit, mais un effet très faible, qui nous avait échappé dans nos premières expériences.

Nous n'avons eu connaissance des expériences de M. Abel sur les poussières inertes que lorsque notre appareil était déjà démonté. Nous n'avons donc pu les répéter dans les mêmes conditions. Nous avons employé l'appareil suivant : un tube en verre vertical de $1^m,50$ de haut et 7 centimètres de diamètre était traversé par un courant ascendant très lent d'un mélange d'air et de gaz d'éclairage. La flamme d'un bec Bunsen était placée en travers de l'orifice supérieur ; elle occupait à peu près le tiers de la section. Le mélange gazeux, en arrivant au contact de la flamme, entourait celle-ci d'une grande auréole bleue. On introduisait alors les poussières, soit par la partie supérieure en les laissant tomber à travers la flamme du bec de gaz, soit par la partie inférieure. Dans ce dernier cas on en emplissait le fond du tube de manière à couvrir l'orifice d'un tube très étroit par lequel arrivait le gaz. La vitesse du courant gazeux soulevait la poussière et produisait dans le gros tube des remous qui maintenaient cette poussière en suspension.

Dans le cas où la poussière arrivait par la partie inférieure, il ne se produisit jamais aucun phénomène particulier; la flamme ne redescendait pas dans le gros tube; il n'y avait, comme précédemment, inflammation du mélange qu'au contact de la flamme. Quant au contraire les poussières tombaient par la partie supérieure, elles étaient portées à l'incandescence en traversant la flamme, et restaient incandescentes pendant toute la durée de leur descente dans le tube; les petits paquets quelles formaient en tombant s'entouraient d'une légère flamme bleue très pâle, qui traversait le tube dans sa largeur comme les poussières, mais sans jamais en remplir toute la section. Quand on chauffait les poussières dans un creuset de platine avant de les projeter dans le tube, l'effet était bien plus intense encore, et le tube entier se remplissait de flammes.

On obtenait ces résultats avec des proportions de gaz comprisés entre celles qui correspondraient à des proportions de 5 à 6 p. 100 de grisou.

Ces résultats confirment ceux qui ont été obtenus par M. Abel. Des poussières extrêmement fines, portées au rouge par une flamme, peuvent provoquer par leur contact l'inflammation de mélanges pauvres en grisou; mais il faut ajouter que la flamme ainsi produite ne se propage pas dans un semblable mélange en dehors des trajectoires décrites par les particules incandescentes.

Nous avons fait l'expérience suivante, qui peut, dans

une certaine mesure, servir à expliquer le fait découvert
M. Abel. Un pain de magnésie des pharmaciens, tel qu'on
le trouve dans le commerce, fut calciné et transformé en
magnésie caustique. Le morceau, chauffé au rouge, fut ex-
posé à un courant d'un mélange gazeux non combustible
par lui-même. La combustion du gaz se produisit cependant
à l'intérieur du morceau, qui resta rouge, pendant tout
le temps qu'il fut soumis à l'action du courant gazeux,
comme on pouvait s'en rendre compte à travers quelques
crevasses.

Cette action des substances poreuses peut s'expliquer
assez facilement par les considérations suivantes. Pour
qu'un mélange gazeux soit combustible, il est nécessaire
que la température de combustion en soit au moins égale à la
température d'inflammation, mais dans la plupart des cas
cette condition n'est pas suffisante. Imaginons, en effet,
une tranche gazeuse infiniment mince qui n'a pas encore
brûlé et qui se trouve en contact avec une tranche d'une
épaisseur finie qui vient de brûler. Il tend à s'établir un
équilibre de température qui amènera la tranche non brûlée au plus à la température des parties brûlées. Pour
qu'elle s'enflamme à son tour il est donc nécessaire que
sa température d'inflammation ne soit pas supérieure à
celle de la combustion des parties brûlées. Mais le transport
de chaleur de la partie brûlée à cette tranche non brûlée
et la combustion même de cette nouvelle tranche sont deux
phénomènes qui exigent un temps fini. Avant qu'ils ne
soient entièrement accomplis, la tranche considérée aura
en général rayonné elle-même de la chaleur vers les parties froides, elle n'atteindra donc jamais la température
des parties brûlées. Il faut ainsi que la température de
combustion d'un mélange gazeux soit notablement supérieure à celle d'inflammation pour que, pris à la température ordinaire, il soit combustible. C'est, en effet, ce que
l'expérience vérifie. Nous avons trouvé que la température

d'inflammation du grisou est de 650°, et les seuls mélanges combustibles sont ceux dont la température de combustion est supérieure à 1.300°.

Mais si par un artifice convenable on arrivait à empêcher le rayonnement de la tranche non brûlée vers les parties froides, on arriverait à rendre combustibles les mélanges dont la température de combustion est égale à celle d'inflammation. Imaginons une enveloppe sphérique percée de deux trous et formée d'une matière non conductrice de la chaleur ; supposons-la chauffée à 650° et faisons arriver par un des orifices un courant lent d'un mélange gazeux non combustible, mais voisin de la limite de combustibilité. Le gaz va se mettre en équilibre de température avec l'enveloppe sans rien perdre par rayonnement extérieur puisqu'il est entouré de toutes parts. Il arrivera donc à la température de 650° et brûlera, puis restituera à l'enveloppe la petite quantité de chaleur qu'elle lui avait enlevée. Les gaz brûlés sortiront par le second orifice et seront remplacés par un égal volume de gaz sans que la température de l'enveloppe ait changé. La combustion continuera donc indéfiniment.

Le morceau de magnésie poreuse de notre expérience est analogue à cette sphère avec la seule différence qu'il ne constitue pas une enveloppe absolument dénuée de conductibilité. Il y a donc dans ce cas rayonnement d'une certaine quantité de chaleur vers l'extérieur, et l'on ne pourra obtenir la combustion que de mélanges un peu supérieurs au mélange-limite.

Un grain de poussière peut être assimilé au morceau de magnésie. La combustion de gaz se produit dans son intérieur, et une certaine quantité de chaleur se disperse au dehors. Ce mélange échauffe le mélange gazeux compris dans l'intervalle des grains et peut le rendre combustible.

Si cette explication est la vraie, on comprend que les poussières de houille ne puissent en général jouer un semblable rôle; elles sont, en effet, fort peu poreuses et leurs pores sont remplis des gaz provenant de leur distillation. Il ne peut donc pas se produire de combustion gazeuse dans leur intérieur.

Conclusion. — En résumé nous avons trouvé :

1° Que, parmi les poussières essayées par nous, celles qui étaient incombustibles dans l'air, le restaient encore dans un mélange non détonant d'air et de gaz d'éclairage;

2° Que celles qui étaient combustibles par elles-mêmes brûlaient plus facilement, la vitesse de propagation de l'inflammation étant un peu accrue, dans un mélange non détonant de gaz d'éclairage et d'air;

3° Que, lorsqu'un courant gazeux, renfermant une trop faible proportion de gaz combustible pour brûler, mais tenant en suspension des poussières inertes et poreuses, vient à rencontrer une flamme, les poussières portées à l'incandescence au contact de cette flamme peuvent, comme l'a découvert M. Abel, entraîner la combustion du mélange gazeux qui enveloppe les grains de poussière incandescents, mais sans que l'inflammation ainsi produite soit susceptible de se propager dans toute la masse gazeuse.

Nos expériences sont ainsi en contradiction avec celles de M. Galloway sur le même sujet. Elles s'éloignent beaucoup moins de celles de M. Abel, sans être cependant en accord avec elles. Ces divergences tiennent-elles à la nature des poussières que nous avons employées? Tiennent-elles à la difficulté d'évaluer la proportion de grisou que contient l'air après qu'on y a mis les poussières en suspension? C'est ce que des expériences nouvelles faites par d'autres observateurs peuvent seules nous apprendre. Nous ne pouvons, en attendant, que nous en tenir aux résultats que nous avons obtenus.

Il paraît bien certain, en tous cas, que l'influence du grisou sur la combustibilité des poussières, si elle n'est pas tout à fait nulle, est au moins beaucoup plus faible qu'on ne l'avait d'abord pensé.

Il faut ajouter que, même en supposant la réalité de cette influence, les poussières incombustibles, mais pouvant brûler grâce à la présence du grisou, ne seraient pas plus dangereuses que les poussières combustibles par elles-mêmes. Il y aurait, dans l'un et l'antre cas, la même nécessité d'une action mécanique initiale fort intense pour mettre en suspension des quantités suffisantes de poussières ; la même lenteur extrême dans la propagation et l'inflammation ; la même rapidité des poussières à se précipiter, et par suite la même impossibilité d'avoir des effets comparables à ceux d'une véritable explosion, en l'absence d'un mélange gazeux détonant. En d'autres termes, l'influence contestée n'aurait pour résultat que d'exposer, en ce qui regarde les poussières, les mines grisouteuses à poussières non combustibles aux mêmes dangers que les mines non grisouteuses à poussières combustibles. Or, nous avons vu plus haut que ces dangers sont en réalité fort peu redoutables.

CHAPITRE III.

POUSSIÈRES EN PRÉSENCE D'UN MÉLANGE COMBUSTIBLE DE GRISOU ET D'AIR.

Ce cas dont on s'est peut-être le moins occupé nous paraît cependant de beaucoup le plus grave. L'intervention des poussières dans les grands accidents de grisou est incontestable ; les fumées abondantes qui s'échappent par les puits, les croûtes de coke déposées sur les boisages en sont une preuve certaine. Ces poussières aggravent les conséquences de l'explosion de deux façons bien distinctes ; d'une part, elles accroissent la force de l'explosion proprement dite, c'est-à-dire la pression produite ainsi que le volume et la température de la flamme ; d'autre part, elles augmentent le volume et surtout la nature des gaz asphyxiants qui après l'accident parcourent toute la mine en abattant sur leur passage les ouvriers qu'ils rencontrent.

Dans les conditions normales de l'exploitation d'une mine, la proportion de grisou n'est jamais suffisante pour brûler tout l'oxygène, et dans la plupart des cas le mélange explosif n'occupe qu'une faible partie des galeries et des espaces vides ; il s'amasse dans les points les plus élevés par suite de la faible densité du grisou. Au moment d'une explosion il reste donc toujours de l'oxygène disponible pour brûler les nuages de poussières soulevés par les courants de gaz enflammés. Les poussières non brûlées, se trouvant au milieu d'une atmosphère à une température très élevée, distillent une partie de leur gaz.

La combustion d'une partie des poussières augmente la température et par suite la dilatation de la masse gazeuse, ou sa pression dans les premiers instants et avant que la détente ait pu se produire. La distillation des poussières non brûlées augmente le volume du gaz et par suite aussi la pression.

Après une explosion le refroidissement des gaz doit être assez rapide. Nous avons constaté que le mélange tonnant de grisou et d'air enflammé dans un cylindre en fer de 20 centimètres de diamètre, se refroidit assez vite pour qu'au bout de cinq secondes la température du mélange ne dépasse plus que d'une vingtaine de degrés la température ambiante. On peut supposer que dans une galerie de mine, la durée du refroidissement ne doit pas dépasser quelques minutes. Les effets dus à la température du gaz ne se font donc sentir qu'à une distance restreinte du point d'origine de l'explosion.

Mais après leur refroidissement les produits de la

combustion continuent encore à agir par leur composition chimique ; ils se mêlent en effet aux courants d'air qui traversent la mine et la rendent délétère, soit en diminuant sa proportion d'oxygène normal jusqu'à lui communiquer des propriétés asphyxiantes, soit en y introduisant une quantité d'oxyde de carbone susceptible de lui communiquer des propriétés toxiques.

Le grisou en présence d'un excès d'air brûle en donnant de l'acide carbonique et de la vapeur d'eau suivant la formule

$$C^2 H^4 + 8O = 2CO^2 + 4HO$$

Sauf dans des cas exceptionnels (à l'accident de Frameries par exemple), le grisou est toujours en présence d'un excès d'air ; il ne donnera donc, lors d'une explosion, que de l'acide carbonique et de la vapeur d'eau sans oxyde de carbone, c'est-à-dire un mélange simplement asphyxiant, mais non toxique, et même ce mélange sera relativement peu asphyxiant, car il contiendra généralement de l'oxygène en excès qui n'aura pas pris part à la combustion. Aussi, pourra-t-il arriver qu'après une petite explosion un ouvrier, tombé au passage de la bouffée de gaz brûlés, revienne à lui après le retour de l'air frais et le rétablissement de la ventilation normale.

Le cas d'un mélange avec excès de grisou, bien que ne devant se rencontrer qu'exceptionnellement, est néanmoins intéressant à étudier. Un mélange d'air et de grisou tenant 12,2 p. 100 de ce gaz devrait brûler d'après la formule

$$C^2 H^4 + 6O = 2CO + 4HO$$

Mais il résulte d'une série d'analyses eudiométriques faites par nous que la proportion d'oxyde de carbone est bien moindre que celle qui résulterait de cette équation. Pour les mélanges à 12,2 p. 100 du grisou les 2/3 du carbone brûlent pour acide carbonique et 1/3 seulement pour oxyde

du carbone. Après combustion l'air renferme donc 4 p. 100
de son volume d'oxyde de carbone.

Cette quantité est certainement encore très toxique,
0,5 p. 100 d'oxyde de carbone suffisant pour donner rapidement la mort; mais les conditions convenables pour la
production de quantités d'oxyde de carbone aussi considérables ne se rencontrent sans doute que très rarement.

Si l'on vient à ajouter des poussières au mélange de
grisou et d'air les conditions changent immédiatement.
Une plus grande proportion d'oxygène, sinon la totalité, est
alors brûlée, ce qui augmente déjà le pouvoir asphyxiant
des gaz de la combustion. Mais, ce qui est bien plus grave,
il peut se former des proportions considérables d'oxyde de
carbone, non pas seulement d'une façon exceptionnelle
comme dans le cas du grisou seul, mais d'une façon normale ; car la couche de poussière répandue sur les voies est
toujours assez abondante pour laisser encore du carbone
libre après avoir brulé tout l'oxygène contenu dans l'air
des galeries. Les croûtes de coke trouvées après les coups
de grisou montrent bien que, au moment de l'explosion, du
carbone à une température élevée s'est trouvé en contact
avec les produits de la combustion et a pu réduire ainsi
partiellement l'acide carbonique.

Les poussières peuvent encore former de l'oxyde de carbone d'une façon différente et par simple distillation. Les
houilles sont oxygénées, et, pendant leur calcination, cet
oxygène se dégage à l'état de vapeur d'eau, d'acide carbonique, et d'oxyde de carbone. On sait, en effet, que le gaz
d'éclairage renferme de l'oxyde de carbone ; quelques analyses donneraient même une proportion de 10 p. 100. Il est
vrai que dans sa fabrication le gaz d'éclairage reste longtemps dans la cornue à une température élevée, ce qui
favorise la formation de l'oxyde de carbone aux dépens de
l'acide carbonique et il se pourrait que dans la distillation
brusque des poussières suivies d'un refroidissement rapide

Il se forme beaucoup moins d'oxyde de carbone. De toute façon cette proportion sera très variable selon les circonstances, suivant la quantité de poussière mise en suspension, la grosseur du grain, la nature de la houille. Les observations faites après les accidents n'ont fourni jusqu'ici aucun renseignement précis sur cette question.

Ces quelques considérations montrent donc d'une façon bien certaine que les poussières jouent un rôle dans les explosions de grisou, et ce rôle est double ; elles augmentent l'intensité proprement dite de l'explosion et elles accroissent le pouvoir délétère des produits gazeux.

Mais dans quelle proportion les effets d'une explosion de grisou peuvent-ils être ainsi amplifiés? Cela est certainement très variable. Dans certains cas l'influence des poussières est absolument nulle ; un amas de grisou isolé au toit d'une galerie, peut prendre feu sans venir enflammer les poussières répandues sur le sol de la galerie, surtout dans une mine peu poussiéreuse et humide. Dans d'autres circonstances, au contraire, des poussières abondantes, sèches, très inflammables et très oxygénées, pourront jouer un rôle considérable. Il a dû en être ainsi à l'accident du puits Sainte-Marie où l'on a vu une épaisse fumée noire sortir par les puits au moment de l'explosion. Mais il est impossible de préciser la part qui revient dan les conséquences de l'accident aux poussières et au grisou, ni même de dire laquelle de ces deux parts a été la plus grande. Il y a là une inconnue qui échappera sans doute longtemps à toutes les recherches et sur laquelle il faudra se contenter d'appréciations assez vagues.

CHAPITRE IV

PRÉCAUTIONS A PRENDRE CONTRE LES POUSSIÈRES.

Si l'on a beaucoup discuté dans ces derniers temps sur les dangers des poussières, on n'a fait que peu de tentatives pour remédier à ces dangers. Les précautions que l'on pourrait recommander sont, en effet, fort difficiles à mettre en pratique. Il a pourtant été fait quelques essais dans cette voie aux mines de Dinas et de Llwynipia en Angleterre par M. Galloway ; aux mines de Blanzy et au puits Jabin en France.

Le procédé exclusivement employé a été l'arrosage des voies principales du roulage. Aux mines de Llwynipia cet arrosage se faisait au moyen de waggonets-réservoirs que l'on traînait à la suite des trains de charbon. La consommation d'eau était de 10 mètres cubes d'eau par jour. Cette quantité d'eau suffisait, d'après M. Galloway, pour maintenir la mine humide et mouillée.

En France on fait depuis une dizaine d'années un arrosage semblable aux mines de Blanzy.

Au puits Jabin on essaya en 1866 l'emploi du chlorure de calcium, mais on n'en a pas obtenu les résultats que l'on espérait.

Dans les essais faits jusqu'ici on ne s'est peut-être pas préoccupé d'une façon suffisante des rôles divers que les poussières peuvent jouer dans les accidents de mines. Les précautions doivent évidemment être appropriées à la nature des dangers que l'on se propose de combattre. Nous avons vu que les accidents de poussières se divisent en trois catégories bien distinctes correspondant aux causes qui ont déterminé leur inflammation : *lampes, coups de mine* ou *coups de grisou*, plus ou moins générale. Pour prévenir ces différentes catégories d'accidents il faudra employer des précautions

différentes dont la réalisation pratique, très facile pour les
unes, est, au contraire, presque impossible pour les autres.

Les inflammations aux *lampes à feu nu*, très peu graves
d'ailleurs, se produisent aux points où l'on remue des
quantités considérables de charbon, c'est-à-dire dans les
chantiers, au voisinage des culbuteurs et des trémies. Il
est impossible en ces points d'éviter la production des
nuages de poussières, mais on peut éviter d'une façon certaine tout danger en employant, au lieu de lampes à feu nu,
des lampes à treillis métalliques ou même de simples lanternes. Cette précaution, facile à réaliser, devra être employée toutes les fois que le charbon donnera des poussières facilement inflammables. On peut très rapidement
s'assurer de la combustibilité ou de la non-combustibilité
des poussières par le procédé que nous avons indiqué plus
haut (*).

L'inflammation par les *coups de mines* a toujours été
produite par des coups fortement chargés, débourrant au ras du sol, au voisinage d'une couche de poussières plus ou moins épaisse. Souvent aussi le coup avait
été bourré avec de la poussière fine de charbon. La meil-
leure précaution à prendre pour éviter les accidents de
cette nature, surtout quand on tire un coup de mine au
ras du sol, consiste à balayer la sole du chantier et les
boisages sur une longueur de 3 mètres comptés à partir
du coup de mine. L'arrosage serait moins efficace et généralement bien plus difficile à réaliser. Il va de soi qu'on
ne doit dans aucun cas bourrer avec des poussières de
charbon, il faut éviter aussi les coups trop fortement
chargés. Ces précautions sont particulièrement importantes quand on a affaire à des charbons donnant des poussières facilement inflammables, mais on n'oserait affirmer
qu'elles sont complètement inutiles dans les autres cas.

(*) Voir page 57.

reproche au balayage d'augmenter les dangers des poussières en facilitant leur mise en suspension. Ce reproche est fondé si l'on considère l'instant précis auquel on fait le balayage ; il faut avoir soin d'éviter à ce moment le voisinage d'une flamme non protégée, d'une lampe à feu nu. Mais aussitôt l'agitation cessée, la poussière se dépose avec une extrême rapidité, et au bout de quelques secondes il n'en reste plus en suspension qu'une quantité très faible et tout à fait insuffisante pour former un mélange combustible, quoiqu'elle puisse encore exercer une action considérable sur nos organes, troubler notre vue et notre respiration. C'est là un fait d'expérience, mais un raisonnement très simple permettrait de l'établir *a priori*. Pour qu'un mélange de poussière et d'air soit combustible il faut, d'après les déterminations de M. Galloway, qu'il renferme environ 1 p. 100 de poussière par mètre cube. La densité d'un semblable mélange est double de celle de l'air. Supposons un tel mélange formé en un point d'une galerie ; à la surface de séparation de ces mélanges et de l'air pur, leur différence de densité produira des différences de pression de 1 mètre d'eau sur 1 mètre de hauteur. En vertu de cette différence de pression, l'air tend à se substituer au mélange à la partie supérieure, tandis que celui-ci tombe vers le sol. La vitesse avec laquelle l'air se précipite est, pour une différence de pression de 1 mètre d'eau, de 4 mètres par seconde. On voit donc qu'un mélange, de densité convenable pour être combustible, se détruit nécessairement avec une très grande rapidité.

Les inflammations de poussières se produisant au milieu d'une *explosion de grisou* sont bien plus difficiles à prévenir, car les mesures de précaution doivent alors s'étendre à la mine tout entière. Ces précautions, du reste, seraient utiles pour toutes les mines grisouteuses quelle que soit la nature du charbon ; toutes les poussières de houille, en effet, deviennent combustibles quand elles ont été portées

ne s'y accumule jamais quelconque. Elles ne seront donc
quand elles se trouveront au milieu d'une explosion de
grisou. On peut seulement dire que l'aggravation du danger
causée par les poussières sera d'autant plus forte que
celles-ci seront plus gazeuses.

La première précaution, qui s'indique d'elle-même, est
d'employer une méthode d'exploitation produisant et laissant le moins de poussières possible. Il faudra éviter les
transbordements, les traînages par panier et surtout la
descente du charbon par des cheminées, faire arriver autant que possible la mine jusqu'au chantier. On devra de
plus remblayer avec soin pour enterrer les poussières dont
la production pendant l'abatage est impossible à prévenir.
La méthode générale d'exploitation devra être combinée
de façon à réduire au minimum le volume des espaces li-
bres non remblayés, voies de roulage, de traçage, d'aérage, chantiers, etc.

Il est néanmoins complètement impossible d'éviter l'accumulation des poussières dans les chantiers et sur les
voies de roulages. Dans les chantiers qui se déplacent tous
les jours il est impossible de prendre des mesures d'ensemble contre les poussières ; il serait aussi difficile de les y
supprimer que d'y empêcher les dégagements du grisou.
Sur les voies de roulage, la précaution la plus efficace et
aussi la plus facile à réaliser serait un balayage renouvelé
à des intervalles de temps périodiques, tous les deux mois
par exemple. Cette poussière serait emportée au jour ou
jetée dans les remblais. Nous rappellerons que la poussière soulevée par le balayage est seulement gênante,
mais n'est pas une cause de danger. On pourrait, du reste,
éviter ce faible inconvénient en faisant précéder le balayage
d'un léger arrosage. Si l'on trouvait cette précaution trop
compliquée pour l'étendre à toutes les voies de roulage, on
pourrait se borner aux points qui présentent une importance capitale pour la sécurité générale de toute la mine,

le voisinage des puits, les bifurcations et les
communications reliant deux ou plusieurs galeries.

Le second moyen auquel on peut songer pour combattre
les poussières et le seul qui ait été systématiquement
appliqué jusqu'ici est l'arrosage. On pourra certainement en
obtenir de bons résultats en employant des quantités d'eau
suffisantes. Le rôle de cet arrosage pour empêcher le soulèvement des poussières est d'ailleurs assez complexe et
il est utile d'en analyser de près le mécanisme pour se
rendre compte des conditions dans lesquelles il doit être
employé.

L'eau en s'évaporant dans l'air le rend plus humide et
cette humidité paraît s'opposer à la mise en suspension des
poussières très fines dans l'air en repos. On sait que dans
les temps humides l'atmosphère est beaucoup plus trans-
parente par suite du dépôt d'une partie notable des poussières solides qu'elles renferme habituellement en suspension, mais les quantités de poussières qui se soulèvent
ainsi dans un air en repos sont des infiniment petits absolument négligeables dans le cas qui nous occupe ici. A ce
point de vue, le rôle de l'eau est sans importance, et son
emploi n'aurait aucune raison d'être.

L'eau peut encore agir sur les poussières en les mouil-
lant complètement; elle les retient alors collées par capil-
larité et s'oppose d'une façon absolue à leur soulèvement,
même sous l'action de courants d'air violents. Dans ces
conditions, l'emploi de l'eau serait un préservatif excel-
lent contre le danger des poussières. Mais pour arriver à
maintenir toutes les poussières d'une mine humides, il
faudrait de telles quantités d'eau pour remplacer celle qui
enlevée par l'évaporation que pratiquement il serait difficile d'obtenir ce résultat.

Prenons par exemple une mine où il passe 40 mètres
cubes d'air par seconde ou 3.400.000 mètres cubes en
vingt-quatre heures. Chaque mètre cube d'air saturé à

ne doit renfermer 10 grammes de vapeur d'eau. D'autre part, la proportion de vapeur contenue dans l'air extérieur oscille généralement entre 5 et 15 grammes. Par un jour froid et sec, la quantité d'eau que la ventilation pourra enlever par évaporation de la mine que nous considérons sera de 600 grammes par seconde ou de 54.000 kilog. par vingt-quatre heures. Il serait certainement très difficile de répandre d'une façon uniforme dans toute une mine une telle quantité d'eau.

Il est vrai que bien souvent les mines sont plus ou moins humides ; il y existe des venues d'eau naturelles parfois beaucoup plus abondantes qu'on ne le voudrait. Les endroits secs et poussiéreux n'occupent que des surfaces relativement restreintes. L'air de la mine est généralement humide. Dans ces conditions, qui sont, il faut le reconnaître, assez générales, on pourra essayer l'arrosage avec plus de chances de succès ; l'eau s'évaporera moins vite dans une atmosphère humide et aura moins souvent besoin d'être renouvelée.

On a proposé de différents côtés d'ajouter aux eaux d'arrosage du chlorure de calcium. Ce sel déliquescent s'oppose à l'évaporation complète de l'eau, mais la quantité d'eau ainsi enlevée est proportionnelle au poids de chlorure de calcium. On ne peut guère espérer que ce produit retienne beaucoup plus de son poids d'eau ; on voit ainsi la quantité énorme qu'il faudrait en employer et la dépense qui en résulterait.

L'eau exerce encore sur les poussières une action spéciale dont on ne paraît pas s'être préoccupé jusqu'ici et qui pourtant fournirait peut être l'argument le plus solide à donner en faveur de l'arrosage. On sait que toutes les poussières fines qui ont été mouillées s'agglomèrent ensuite par dessiccation ; quelques-unes, comme l'argile, le blanc d'Espagne, la poudre d'émeri prennent même ainsi une dureté assez grande. Nous avons reconnu que la poussière de

La houille s'agglomère aussi de cette façon, mais sa cohésion est généralement assez faible à cause de la grosseur et de l'irrégularité des dimensions de ses grains. Cette cohésion pourrait sans doute être augmentée considérablement en ajoutant à l'eau de l'argile, de la chaux, ou du sel marin qui contribueraient ensuite à durcir la masse par dessication, carbonatation, ou cristallisation. On ne pourrait évidemment pas espérer que cette agglomération une fois formée pût durer indéfiniment, elle serait détruite plus ou moins rapidement par les pas des hommes et des chevaux. Il faudrait donc renouveler de temps en temps cet arrosage, surtout aux points où la circulation est active.

Il n'est pas besoin de faire remarquer que l'arrosage, pour être efficace, doit dans tous les cas être fait de façon à imbiber d'eau toutes les poussières; celles-là seules qui auront été mouillées directement pourront être préservées contre l'action du courant d'air. Un filet d'eau qu'on laisserait couler simplement au milieu de la galerie ne servirait à rien. L'arrosage doit être fait à la pomme d'arrosoir de façon à répandre également l'eau partout, c'est là ce qui rend son emploi si difficile et ce qui permet de douter qu'il soit accepté jamais d'une façon générale dans la pratique courante des mines.

Conclusion. — De cette discussion sur les moyens préventifs à employer contre les poussières on peut tirer les conclusions suivantes.

Les inflammations des poussières aux lampes à feu nu qui sont assez fréquentes, peuvent être évitées en remplaçant les lampes à feu nu par des lampes de sûreté ou même par de simples lanternes. Ce moyen préventif est certainement efficace et de plus sa réalisation est facile. Il devra donc être employé dans tous les cas où l'on se trouvera en présence de poussières donnant avec l'air des mélanges inflammables.

cautions spéciales pour éviter le débourrage, telles que
faibles charges, bourrage soigné, etc. On pourra de plus
balayer et enlever les poussières sur une certaine longueur.
Ces précautions seront particulièrement importantes dans les
mines grisouteuses, où une inflammation d'une petite quantité de poussière peut allumer des amas de grisou et entraîner
par suite un grand accident. Dans les mines non grisouteuses, il suffira peut-être que les ouvriers se retirent un
peu plus loin dans les cas où l'on a affaire à des poussières
facilement inflammables. Il n'y a pas en effet d'exemples
connus de flammes et de poussières ayant dépassé 5o mètres.
La rareté des accidents de cette nature et leur peu d'importance fait hésiter à recommander de plus grandes précautions qui auront certainement d'autant moins de chances
d'être suivies qu'elles seront plus compliquées.

Enfin, pour prévenir l'aggravation des accidents de grisou
occasionnés par les poussières, c'est-à-dire le seul danger
vraiment sérieux qu'elles présentent, on devra s'attacher à
employer une méthode d'exploitation laissant le moins d'espaces vides possible, et en même temps produisant le
moins de poussières, c'est-à-dire que les bennes qui em-
portent le charbon au jour devront arriver autant que possible aux chantiers pour y être chargées directement, et les
remblais devront suivre de très près les fronts de taille.
Comme mesure de précaution tout à fait accessoire, on
pourra encore essayer d'enlever les poussières des voies
de roulage et des abords des puits ; mais il ne faut pas se
dissimuler que cet enlevage n'est possible que sur une petite fraction des espaces vides qui peuvent être parcourus
par la flamme du grisou. Dans une mine où les remblayages
ne seront pas soignés, où il existerait des chambres non
éboulées, cette précaution serait bien superflue. Au lieu

suppression complète.

CONCLUSIONS.

La longue discussion à laquelle nous nous sommes livrés nous a permis de mettre en relief un certain nombre de faits, qui paraissent aujourd'hui acquis d'une façon certaine, tandis que quelques autres restent encore douteux.

L'étude des accidents, dus certainement aux poussières seules, nous a permis d'abord de formuler quelques conclusions importantes.

En premier lieu, ces accidents sont *extrêmement rares*; on n'en connaît qu'une douzaine, tant en France qu'à l'étranger; pourtant le concours des circonstances qui a occasionné chacun d'eux n'a rien d'exceptionnel, et il s'est vraisemblablement reproduit souvent sans entraîner aucune circonstance fâcheuse.

En second lieu, ces accidents sont *peu graves*; ils n'ont jamais entraîné mort d'homme immédiate; la flamme ne s'est jamais étendue sur plus de 5o mètres de longueur.

Les accidents plus considérables que l'on avait cru pouvoir attribuer aux poussières ont toujours eu lieu dans des mines grisouteuses. Les mines non grisouteuses n'ont jamais été le théâtre de grandes explosions, bien qu'un certain nombre d'entre elles donnent des poussières très abondantes et très inflammables. Il en est particulièrement ainsi pour les mines de lignite, quoique les poussières de lignite soient beaucoup plus combustibles que les poussières de houille. Ces faits ne permettent pas de douter que, dans toutes les explosions importantes, c'est le grisou qui a joué le rôle principal.

Enfin tous les accidents, qu'on peut avec certitude attribuer aux poussières, ont été occasionnés par le *débourrage de coups de mines* tirés au ras du sol. Des inflammations assez nombreuses se sont bien produites avec des lampes à feu nu, mais elles n'ont jamais eu de conséquences sérieuses.

Les expériences faites sur les poussières viennent confirmer ces faits et en donnent l'explication.

Nos expériences ont montré que les poussières, pour être combustibles, devaient provenir de *houilles très gazeuses*, donnant au moins 30 p. 100 de matières volatiles à la distillation. Cela explique la rareté des accidents de poussières, car dans le plus grand nombre des mines les poussières ne remplissent pas ces conditions.

Tous les expérimentateurs ont reconnu qu'il fallait une *quantité considérable* de poussières dans l'air pour former un mélange explosif. D'après M. Galloway, ces mélanges devraient être formés de poids égaux de poussière et d'air, c'est-à-dire contenir dix fois plus de poussières que la quantité qui pourrait être brûlée en totalité. Cette proportion énorme est bien supérieure à celle qui peut se trouver normalement en suspension dans l'air, même aux endroits les plus poussiéreux d'une mine. C'est là une des causes de la rareté des accidents de poussières. Il faut des circonstances toutes spéciales, une agitation extrêmement violente de l'air, telle que celle produite par un coup de mine qui débourre, pour soulever des poids suffisants de poussière.

Nous avons en outre constaté, ce qu'il était aisé de prévoir, que les poussières se *précipitent avec une très grande rapidité* et en très grande abondance dès que la cause qui, en agitant l'air, avait provoqué leur mise en suspension, a cessé de faire sentir son action.

Nos expériences ont montré encore que la *vitesse de propagation* de la flamme dans les mélanges est très faible et même à peu près nulle.

Ces deux faits expliquent le peu d'étendue des inflammations dues aux poussières. Celles-ci se déposent, en effet, avant que la flamme ait eu le temps de s'étendre dans tout le nuage soulevé.

Une seconde conséquence très importante de cette faible vitesse de propagation est que les combustions de poussières ne sont *pas explosives*. Telle est la principale raison du peu d'importance des accidents qu'elles occasionnent. Le vent produit par leur combustion n'est pas assez violent pour aller soulever plus loin de nouvelles quantités de poussières. Les poussières qui brûlent ne sont ainsi qu'une partie de celles qui ont été soulevées et allumées directement par une cause étrangère.

Les expériences faites par MM. Hall et Clark sur l'effet du débourrage des coups de mines confirment cette conclusion, car ces habiles expérimentateurs ont reconnu qu'il y a proportionnalité exacte entre la longueur de la flamme, dans une combustion de poussières, et la force des coups de mine qui l'a occasionnée.

La conséquence bien certaine de tous ces faits est donc que les poussières, au moins lorsqu'elles sont seules, sont très peu dangereuses.

Lorsqu'aux poussières vient s'ajouter une proportion de grisou inférieure à 5 p. 100, l'aggravation de danger qui peut résulter de cette addition est très diversement appréciée. Conformément aux observations qui nous sont personnelles, nous croyons que cette aggravation est sans importance, et que l'existence, dans la masse gazeuse, d'une proportion de grisou inférieure à 5 p. 100 ne suffit pas pour rendre combustibles des poussières qui ne le sont pas d'elles-mêmes, et n'augmente que fort peu les conséquences produites par l'inflammation de celles qui peuvent brûler dans l'air seul.

Quand la proportion de grisou mélangé à l'air devient suffisante pour produire un mélange explosif, l'addition des poussières mises en suspension dans l'air aggrave certaine-

[...] croissant la proportion d'oxyde de carbone dans toute
combustion, et en rendant beaucoup plus toxiques les gaz
qui se répandent dans la mine après un coup de grisou.
Cette dernière cause de danger paraîtra sérieuse si on
se rappelle que, dans presque tous les accidents importants de grisou, le plus grand nombre des victimes a dû
la mort non aux brûlures, mais à l'asphyxie ou à l'empoi-
sonnement amené par les gaz qu'avait produits la combustion.

Malheureusement il est fort difficile d'apprécier avec
quelque précision l'étendue du rôle que les poussières jouent
dans un coup de grisou, et jusqu'à présent les divers expérimentateurs qui nous ont précédés n'ont pas trouvé plus
que nous le moyen de soumettre cette question au contrôle
de l'expérimentation.

Quoi qu'il en soit, nous considérons comme établi que
*les poussières, en l'absence du grisou, ne constituent pas une
cause de danger sérieuse. Elles ne peuvent jouer un rôle
important qu'en aggravant les conséquences d'une explosion
produite par le gaz.*

Le grisou en proportion susceptible de faire explosion,
tel est donc l'ennemi principal contre lequel il faut diriger
tous ses efforts ; les poussières ne viennent qu'en second
rang et très loin derrière.

www.ingramcontent.com/pod-product-compliance
Ingram Content Group UK Ltd.
Pitfield, Milton Keynes, MK11 3LW, UK
UKHW020012100726
13658UKWH00002B/930